RÉDACTION FRANÇAISE ET PRATIQUE

실용 프랑스어 쓰기와 실전

• 김선미 지음 •

신아사

김선미

경기대학교 불어불문학과를 졸업하고 프랑스 국립 Aix-MarseilleI 대학교에서 언어학 박사 학위를 받았다. 현재 경기대학교 글로벌어문학부 교수로 재직 중이다. 저서로는 『매일 프랑스어 일기 쓰기』, 『주제별 프랑스어 생활 작문』, 『매일 프랑스어 회화』(공저), 『매일 즐거운 프랑스어 문법』(공저), 『매일 유용한 프랑스어 표현』(공저), 『매일 프랑스어 입문』(공저), 『DELF A1, A2, B1, B2』(공저), 『프랑스어 단어 표현집』(공저), 『프랑스 시사 읽고 말하기』(공저), 『The 바른 프랑스어』(공저) 등이 있으며, 『토끼와 나』, 『몸의 시학』, 『그림형제 동화집』 등을 번역하였다.

실용 프랑스어 쓰기와 실전

1판 1쇄 발행 _ 2018년 8월 20일

저 자 • 김 선 미
발 행 인 • 정 현 걸
발 행 • 신 아 사
인 쇄 • 토탈프로세스
출판등록 • 1956년 1월 5일 (제9-52호)
주 소 • 서울특별시 은평구 통일로 59길 4 (2F)
전 화 • 02)382-6411 · 팩스 02)382-6401
홈페이지 • www.shinasa.co.kr
E-MAIL • shinasa@daum.net

ISBN 978-89-8396-287-4 (13760)

정가 *18,000*원

머리말

프랑스어 쓰기 능력을 향상시키는데 있어 친근하게 그리고 효과적으로 활용할 수 있는 방법 중 하나가 친구들과 자신의 일상사나 주변의 사건들을 편지로 써보는 것입니다. 물론 프랑스어로 편지를 써보는 것이 처음에는 쉽지 않을 것입니다. 그럴 때는 자신이 써보고 싶은 상황과 비슷한 내용의 글을 베껴 써보는 것도 좋은 방법입니다. 그러다 보면 차차 단어나 표현에 다양성을 주면서 자신이 쓰고 싶은 내용을 자유롭게 쓸 수 있게 될 것입니다.

『실용 프랑스어 쓰기와 실전』은 일상생활 속에서 의사소통의 일환으로 이루어지는 다양한 편지글을 통해 자연스럽게 프랑스어와 친해지면서 작문을 할 수 있도록 만든 학습서로서, 초급을 마치고 중급으로 넘어가는 학습자나 초급과정이지만 기본문법을 이해하고 있는 학습자를 대상으로 하고 있습니다.

본서는 전체 3개의 section으로 나누어져 있으며, 그 내용은 다음과 같이 구성되어 있습니다.

Section 1 《동사 변화 및 동사 구문》에서는 실제 프랑스어 쓰기를 하면서 학습자가 틀리기 쉬운 동사 구문들의 다양한 용례와 함께 필수적으로 알아야 할 동사와 동사 변화형들을 정리하였습니다. 문장의 뼈대로서 프랑스어 동사는 특히 각 동사마다 요구하는 구조가 있기 때문에, 일상생활 속에서 자주 사용하는 동사들의 용례를 충분히 숙지하고 있다면 내가 원하는 문장을 쉽게 만들 수 있기 때문입니다.

Section 2 《다양한 편지글 모델》에서는 우리의 일상생활에서 흔히 쓰게 되는 편지글을 4개의 테마 -〈다양한 초대 편지 및 답장〉, 〈다양한 제안 편지 및 답장〉, 〈다양한 부탁, 요청 편지 및 답장〉, 〈다양한 일상 편지〉- 로 나누어 싣고, 각 편지글 마다 해석을 붙여 한국어 표현과 대조해가며 공부할 수 있도록 하였습니다. 테마별 다양한 편지글을 통해 중요한 단어와 표현들을 숙지한다면 점차 프랑스어 쓰기에 대한 자신감을 얻을 수 있을 것입니다.

Section 3 《실전 쓰기》에서는 section2에서 모델로 제시한 주제들과 유사한 42개의 상황을 문제로 주어, 앞에서 학습한 글의 형식이나 표현들을 활용하여 실제로 편지글을 써보도록 하였습니다. 그리고 본서의 마지막 부분에 42개의 실전 쓰기 문제에 대한 모범 답안을 주어,

이를 통해 자신이 작성한 편지글과 비교해보면서 자신이 놓친 표현이나 단어들을 다시 확인하면서 자연스럽게 다양한 표현법과 단어를 학습할 수 있도록 하였습니다.

본서는 DELF를 준비하는 학습자들에게, 초급과 중급 프랑스어 쓰기 능력을 향상시키고자 하는 학습자들에게 그리고 실용적인 프랑스어 편지 쓰기를 필요로 하는 학습자들에게 많은 도움이 되리라 봅니다.

글쓰기 특히 외국어 쓰기는 금방 실력이 느는 것이 아닙니다. 중도에 포기하지 말고 꾸준히 반복하다 보면, 어느새 다양한 주제와 상황에 따른 응용력이 키워지면서 자신의 글쓰기 표현력이 한 단계 더 발전된 것을 발견하게 될 것입니다. 아무쪼록 본서가 프랑스어를 공부하는 학습자들에게 작은 도움이라도 되었으며 하는 기대를 가지면서, 이 책을 기꺼이 출판해 주신 도서출판 신아사의 사장님과 바쁜 가운데에도 프랑스어 수정 작업에 도움을 준 Mme. Ohsolip에게 고마운 마음을 전합니다.

지은이 김선미

* 이 저서는 2017년도 경기대학교 연구년 수혜로 출간되었음.

목차

Section 1

동사 변화
및
동사 구문

Section 2

다양한 편지글 모델

Section 1

동사 변화 및 동사 구문

1. 1군 동사 변화 및 동사 구문
2. 2군 동사 변화 및 동사 구문
3. 3군 불규칙 동사 변화 및 동사 구문

1. 1군 동사 변화 및 동사 구문

❶ 1 군 동사 (완전규칙형) 변화 및 동사 구문

1군 동사는 어미가 -er로 끝나는 동사로, 동사변화는 아래 accepter 동사표와 같이 규칙적으로 변화한다.

accepter

직설법			명령법	현재분사	과거분사
현재	반과거	미래			
(j')accepte (tu)acceptes (il)accepte (nous)acceptons (vous)acceptez (ils)acceptent	(j')acceptais (tu)acceptais (il)acceptait (nous)acceptions (vous)acceptiez (ils)acceptaient	(j')accepterai (tu)accepteras (il)acceptera (nous)accepterons (vous)accepterez (ils)accepteront	(tu)accepte (nous)acceptons (vous)acceptez	acceptant	accepté

1) accepter : 받아들이다, …할 것을 승낙[동의]하다, (…가 …하는 것을) 참아주다, 허용하다

- 나는 거절을 받아들일 수 없다.
  【동사구문: V + qch】 Je ne peux pas accepter le refus.

- 나는 내 여동생의 설명을 받아들였다.
  【동사구문: V + qch + de + qn】 J'accepte les explications de ma petite sœur.

- 그는 나와 함께 프랑스로 여행하는 것에 동의하였다.
  【동사구문: V + de + inf】 Il a accepté de voyager avec moi en France.

- 그는 내가 여행을 떠나는 것을 그대로 내버려두지 않을 것이다.
  【동사구문: V + subj】 Il n'acceptera pas que je parte en voyage.

2) accompagner : 동반하다, 곁들이다

- 그는 나를 영화관까지 데려다 준다.
  【동사구문: V + qn + 장소】 Il m'accompagne au cinéma.

■ 그녀는 요리에 좋은 술을 곁들인다.
【동사구문: V + qch + de + qch】 Elle accompagne un plat d'un excellent vin.

3) admirer : 감탄하다, 탄복하다

■ 나는 당신의 태도에 감탄한다.
【동사구문: V + qch (qn)】 J'admire votre attitude.

■ 그는 그의 선생님이 학생들을 잘 가르치는 것에 감탄한다.
【동사구문: V + qn + de + inf】 Il admire son professeur de bien enseigner à ses élèves.

4) adorer : 매우 좋아하다

■ 그는 이 향수를 무척 좋아한다.
【동사구문: V + qch】 Il adore ce parfum.

■ 나는 나의 엄마를 매우 좋아한다.
【동사구문: V + qn】 J'adore ma mère.

■ 그는 운동하는 것을 아주 좋아한다.
【동사구문: V + inf】 Il adore faire du sport.

5) adresser : 보내다, 말을 걸다, 문의하다

■ 나는 아버지에게 이 메시지를 보낸다.
【동사구문: V + qch + à qn】 J'adresse ce message à mon père.

■ 그 의사는 나를 간호사에게 보냈다.
【동사구문: V + qn + à qn】 Le médecin m'a adressé à une infirmière.

■ 내 친구가 나에게 말을 걸다.
【동사구문: se ~ + à qn】 Mon ami s'adresse à moi.

6) aider : 돕다, (을) 사용하다, 쓰다

■ 나는 엄마를 돕는다.
【동사구문: V + qn】 J'aide ma mère.

- 나는 내 친구가 숙제하는 것을 돕는다.
  【동사구문: V + qn + à + inf】 J'aide mon ami à finir ses devoirs.

- 실비는 이 텍스트를 번역하는 데 사전을 이용하였다.
  【동사구문: se ~ + de + qch】 Sylvie s'est aidée d'un dictionnaire pour traduire ce texte.

7) aimer : 좋아하다, 사랑하다

- 그는 커피를 좋아한다.
  【동사구문: V + qch (qn)】 Il aime le café.

- 그는 프랑스어 공부하는 것을 좋아한다.
  【동사구문: V + inf】 Il aime étudier le français.

- 내 남동생은 그가 슬플 때 내가 노래불러주는 것을 좋아한다.
  【동사구문: V + que + subj】 Mon frère aime que je chante lorsqu'il est triste.

8) amuser : 놀다, 즐기다

- 나는 내 친구들을 재미나게 해준다.
  【동사구문: V + qn】 J'amuse mes camarades.

- 그는 오늘 저녁 자기 아이들과 함께 즐겁게 논다.
  【동사구문: se ~ + avec + qn】 Il s'amuse bien ce soir avec ses enfants.

- 나는 골프를 즐긴다.
  【동사구문: se ~ + à + inf】 Je m'amuse à faire du golf.

9) apporter : 가져오다, …에게 갖다 주다

- 그는 나쁜 소식을 가져왔다.
  【동사구문: V + qch】 Il a apporté une mauvaise nouvelle.

- 나는 커피를 아빠에게 갖다 준다.
  【동사구문: V + qch + à qn】 J'apporte un café à mon père.

10) approcher : 가까워지다, ~ 가까이 가다, 다가가다

■ 중요한 순간이 다가오고 있다.
【동사구문: V ~】 Le moment important approche.

■ 그는 자기 자동차 가까이로 간다.
【동사구문: se ~ + de + qch】 Il s'approche de sa voiture.

■ 나는 그의 곁으로 다가간다.
【동사구문: se ~ + de + qn】 Je m'approche de lui.

11) arrêter : 가로막다, 체포하다, 체류하다, 그만두다

■ 나는 택시를 세운다.
【동사구문: V + qch】 J'arrête le taxi.

■ 경찰이 도둑을 체포한다.
【동사구문: V + qn】 Le policier arrête le voleur.

■ 우리는 3일 동안 파리에서 머물렀다
【동사구문: se ~】 Nous nous sommes arrêtés trois jours à Paris.

■ 그는 금연하기로 한다.
【동사구문: se ~ + de + inf】 Il s'arrête de fumer.

12) arriver : 도착하다, 마침내 …하게 되다, …하기에 이르다

■ 나는 정오에 서울역에 도착한다.
【동사구문: V + 장소】 J'arrive à la gare de Séoul à midi.

■ 그는 끝내 그의 일을 싫어하게 되었다.
【동사구문: en arriver à + inf】 Il en arrive à détester son travail.

■ 나는 그를 설득하고야 말았다.
【동사구문: V + à + inf】 Je suis arrivé à le convaincre.

13) assister : 참석하다, 돕다

- 그녀는 매일 팀 미팅에 참석한다.
【동사구문: V + à + qch】 Elle assiste à la réunion d'équipe tous les jours.

- 나는 내 남동생이 그 일을 하는 것을 도와준다.
【동사구문: V + qn】 J'assiste mon frère dans ce travail.

14) assurer : 확신하다, 보증하다

- 나는 이 계획의 성공을 확신한다.
【동사구문: V + qch】 J'assure la réussite de ce projet.

- 나는 당신에게 그의 상냥함을 보장할 수 있다.
【동사구문: V + qn + de + qch】 Je peux vous assurer de sa gentillesse.

- 그는 그가 7시에 도착한다고 내게 단언한다.
【동사구문: V + à qn + que + ind】 Il m'assure qu'il arrive à 7 heures.

15) attraper : 잡다, (열차 · 버스 따위를) 타다, (병에) 걸리다

- 나는 도둑을 잡았다.
【동사구문: V ~】 J'ai attrapé le voleur.

- 나는 가까스로 버스를 잡았다.
【동사구문: V ~】 J'ai attrapé l'autobus de justesse.

- 나는 감기에 걸렸다.
【동사구문: V ~】 J'ai attrapé un rhume.

16) avouer : 고백하다, 인정하다

- 그는 그가 금연해야만 한다는 것을 인정한다.
【동사구문: V + que + ind】 Il avoue qu'il doit arrêter de fumer.

- 나는 노력해야 한다는 것을 인정한다.
【동사구문: V + inf】 J'avoue faire des efforts.

- 나는 그녀에게 사랑을 고백했다.
【동사구문: V + qch + à qn】 Je lui ai avoué mon amour.

- 나는 엄마에게 내가 거짓말 했다는 것을 자백한다.
【동사구문: V + à + qn + que + ind】 J'avoue à ma mère que j'ai menti.

17) brûler : 타다, 불태우다, 불에 데다

- 태양이 작열한다.
【동사구문: V ~】 Le soleil brûle.

- 요리를 하기 위해서는 나무를 때워야 한다.
【동사구문: V + qch】 Il fait brûler du bois pour faire la cuisine.

- 나는 손을 데었다.
【동사구문: se ~】 Je me suis brûlée à la main.

18) casser : 부수다, 깨어지다

- 그는 계란을 깼다.
【동사구문: V + qch】 Il a cassé un oeuf.

- 유리컵이 떨어져 깨졌다.
【동사구문: se ~】 Le verre s'est cassé en tombant.

19) causer : …(의) 원인이다, …을 야기하다

- 그는 스캔들을 일으켰다.
【동사구문: V + qch】 Il a causé un scandale.

- 그는 그의 부인에게 고통을 준다.
【동사구문: V + qch + à qn】 Il cause de la peine à sa femme.

20) chanter : 노래하다

- 그는 정확하게 노래한다.
【동사구문: V ~】 Il chante juste.

■ 그녀는 그녀의 아이에게 노래를 불러준다.
【동사구문: V + qch + à qn】 Elle chante une chanson à son enfant.

21) chauffer : 열이 나다, 덥히다

■ 이 전기렌지는 열이 잘 난다.
【동사구문: V ~】 Cette cuisinière électrique chauffe bien.

■ 당신은 10시부터 오후 6시까지 아파트에 난방을 한다.
【동사구문: V + qch】 Vous chauffez votre appartement de 10 heures à 18 heures.

22) chercher : 찾아보다, …하려 애쓰다

■ 나는 그 문제의 해결책을 찾고 있다.
【동사구문: V + qch (qn)】 Je cherche la solution à ce problème.

■ 나는 엄마를 이해하려고 애쓴다.
【동사구문: V + à + inf】 Je cherche à comprendre ma mère.

23) coller : …붙이다, …에 잘 붙다, 붙다

■ 나는 문에 벽보를 붙인다.
【동사구문: V + qch】 Je colle une affiche sur la porte.

■ 추잉 껌이 내 머리에 붙었다.
【동사구문: V + à + qch】 Le chewing-gum a collé à mes cheveux.

■ 우표가 잘 붙지 않는다.
【동사구문: V ~】 Ce timbre ne colle pas.

24) commander : 주문하다, 명령하다

■ 그녀는 매일 인터넷으로 옷들을 주문한다.
【동사구문: V + qch】 Elle commande des vêtements sur internet tous les jours.

■ 그는 식사 후에 종업원에게 차 한잔을 주문한다.
【동사구문: V + qch + à qn】 Après le repas, il commande un thé au serveur.

■ 나의 아버지는 열시 전에 들어오라고 내게 명령한다.
【동사구문: V + à qn + de + inf 】 Mon père me commande de rentrer avant 10 heures.

25) compter : 계산하다, 기대하다, … 할 작정이다

■ 이 아이는 백까지 셀 줄 안다.
【동사구문: V ~】 Cet enfant sait compter jusqu'à cent.

■ 나는 버스 안에서 아이들의 수를 센다.
【동사구문: V + (qn) qch】 Il compte les enfants dans le bus.

■ 나는 당신의 도움을 기대한다.
【동사구문: V + sur + qch (qn)】 Je compte sur votre aide.

■ 그녀는 내일 떠날 생각이다.
【동사구문: V + inf】 Elle compte partir demain.

26) conseiller : 충고하다, 권하다

■ 그녀는 내게 조언을 자주 한다.
【동사구문: V + qn】 Elle me conseille souvent.

■ 그는 그의 친구들에게 이 영화를 추천한다.
【동사구문: V + qch + à qn】 Il conseille ce film à ses amis.

■ 의사는 내게 금연할 것을 권한다.
【동사구문: V + à qn + de + inf】 Le médecin me conseille d'arrêter de fumer.

27) continuer : 계속되다, 계속하다

■ 한주 내내 비가 계속 내릴 것이다.
【동사구문: V ~】 La pluie continuera pendant une semaine.

■ 나는 도서관에서 숙제를 계속한다.
【동사구문: V + qch】 Je continue mes devoirs à la bibliothèque.

■ 그는 계속해서 자기 여자 친구에 대해 말한다.
【동사구문: V + à (de) + inf】 Il continue à parler de son amie.

28) coucher : 재우다, 눕다

■ 매일 나는 아이를 8시에 재운다.
【동사구문: V + qn】 Tous les jours je couche mon enfant à 20 heures.

■ 나는 항상 늦게 잠자리에 든다.
【동사구문: se ~】 Je me couche toujours tard.

29) couper : 자르다, (신체의 일부를) 베다

■ 나는 빵을 잘 자른다.
【동사구문: V + qch】 Je coupe bien le pain.

■ 나는 손가락을 베었다.
【동사구문: se ~】 Je me suis coupé le doigt.

30) coûter : 값이…이다, (고통, 불안)을 주다, 일으키다

■ 이 책은 5유로이다.
【동사구문: V + 수량표현】 Ce livre coûte 5 euros.

■ 그것은 그에게 많은 고통을 주었다.
【동사구문: V + qch + à qn】 Cela lui a coûté beaucoup de peine.

31) danser : 춤추다

■ 그는 기뻐서 춤을 춘다.
【동사구문: V ~】 Il danse de joie.

■ 나는 내 친구와 탱고를 추었다.
【동사구문: V + qch】 J'ai dansé le tango avec mon ami.

32) débrouiller : 풀다, 해결하다, 곤경에서 벗어나다

- 그는 어려운 일을 잘 해결한다.
【동사구문: V + qch】 Il débrouille bien une affaire difficile.

- 나는 어려움에서 벗어나야만 한다.
【동사구문: se ~】 Je dois me débrouiller au milieu des difficultés.

33) décider : 결정하다, 결심하다

- 나는 내 친구를 인정하기로 결정했다.
【동사구문: V + qch】 J'ai décidé l'admission de mon ami.

- 나는 내일부터 다이어트를 하기로 결심한다.
【동사구문: V + de + inf】 Je décide de faire un régime à partir de demain.

34) déjeuner : 점심 식사 하다

- 그녀는 매일 식당에서 점심식사 한다.
【동사구문: V ~】 Elle déjeune au restaurant tous les jours.

- 나는 평소에 빵과 올리브로 점심식사를 때운다.
【동사구문: V + de + qch】 Je déjeune d'habitude de pain et d'olives.

35) demander : 요구하다, ~의 안부를 묻다, 자문하다

- 나는 일자리를 찾는다.
【동사구문: V + qch (qn)】 Je demande un emploi.

- 나는 상인에게 물건을 요구한다. (물건의 위치나 물건이 있는지의 여부를 물음)
【동사구문: V + qch + à qn】 Je demande un article à un commerçant.

- 그녀는 네가 집에 6시까지 있기를 부탁한다.
【동사구문: V + que + subj】 Elle demande que tu sois chez toi jusqu'à 6 heures.

- 나는 엄마에게 나를 병원까지 동행해달라고 부탁한다.
【동사구문: V + à qn + de + inf】 Je demande à ma mère de m'accompagner à l'hôpital.

■ 나는 그가 언제 프랑스로 떠날 것인지 궁금하다.
【동사구문: se ~】 Je me demande quand il partira en France

36) se dépêcher : 서두르다

■ 그는 항상 서두른다.
【동사구문: V ~】 Il se dépêche tout le temps.

■ 우리는 서둘러서 일을 끝낸다.
【동사구문: V + de + inf】 Nous nous dépêchons de finir notre travail.

37) dépenser : (돈)을 쓰다, 사용하다

■ 내 친구는 이번 바캉스 동안 돈을 많이 썼다.
【동사구문: V + qch】 Mon ami a dépensé beaucoup d'argent pendant ces vacances.

■ 그는 장을 보는데 많은 에너지를 소비한다.
【동사구문: V + qch + pour + inf】 Il dépense beaucoup d'énergie pour faire les courses.

38) désirer : 바라다

■ 그는 당신을 만나고 싶어 하지 않는다.
【동사구문: V + inf】 Il ne désire pas vous rencontrer.

■ 나의 할머니는 우리들 모두 그녀의 집으로 오기를 바란다.
【동사구문: V + que + subj】 Ma grand-mère désire que nous venions tous chez elle.

39) détester : 싫어하다, 미워하다

■ 그는 초코렛을 싫어한다.
【동사구문: V + qch (qn)】 Il déteste le chocolat.

■ 당신은 지각하는 것을 아주 싫어한다.
【동사구문: V + inf】 Vous détestez être en retard.

40) discuter : 토의하다, 논의하다

- 나는 가족과 함께 바캉스 날짜를 논의한다.
  【동사구문: V + qch】 Je discute la date des vacances avec ma famille.

- 그는 자주 그의 선생님과 정치에 관해 토론한다.
  【동사구문: V + de + qch】 Il discute souvent de politique avec son professeur.

41) donner: 주다, 제공하다, …로 향하다

- 나는 아이들에게 사탕을 준다.
  【동사구문: V + qch + à qn】 Je donne des bonbons aux enfants.

- 그녀는 노인에게 자기 팔을 잡게 한다.
  【동사구문: V + 신체명사】 Elle donne son bras à une personne âgée.

- 바다 쪽으로 나 있는 창
  【동사구문: V + sur (à/en/dans)】 La fenêtre qui donne sur la mer.

42) écouter : 듣다, 들어주다,

- 그는 라디오로 연주를 듣는다.
  【동사구문: V + qch】 Il écoute un concert à la radio.

- 나는 선생님의 말을 잘 듣는다.
  【동사구문: V + qn】 J'écoute bien mon professeur.

- 나는 선생님께서 말씀하신 것을 듣지 못했다.
  【동사구문: V + inf】 Je n'ai pas écouté parler le professeur.

43) empêcher : 막다, 방해하다

- 그는 사고를 막았다.
  【동사구문: V + qch】 Il a empêché un accident.

- 이 백신이 감기를 예방한다.
  【동사구문: V + de + inf】 Ce vaccin empêche d'attraper la grippe.

44) enregistrer : 녹음하다, 기입하다

■ 나의 아버지는 항상 이 방송을 녹음한다.
【동사구문: V + qch】 Mon père enregistre toujours cette émission.

■ 그는 사건을 일기장에 적는다.
【동사구문: V + qch】 Il enregistre un événement dans son journal.

45) entrer : 들어가다, 넣다

■ 그는 여자 친구와 레스토랑에 들어간다.
【동사구문: V + dans + 장소】 Il entre dans un restaurant avec sa copine.

■ 그녀는 가구를 창문을 통해 들여 놓는다.
【동사구문: V + qch】 Elle fait entrer un meuble par la fenêtre.

46) estimer : (가격, 가치를) 평가하다, 존경하다, 간주하다

■ 나의 아버지는 예술품을 잘 감정한다.
【동사구문: V + qch】 Mon père estime bien les objets d'art.

■ 나는 나의 선생님을 높이 평가한다.
【동사구문: V + qn】 J'estime beaucoup mon professeur.

■ 나는 그가 똑똑하다고 생각한다.
【동사구문: V + qn (qch) + 속사】 Je l'estime intelligent.

47) étonner : 놀라게 하다, 놀라다

■ 그 아이는 어리석은 짓으로 날 놀라게 한다.
【동사구문: V + qn】 Cet enfant m'étonne par sa bêtise.

■ 나는 그 소식을 듣고 놀랐다.
【동사구문: se ~】 Je m'étonne à l'annonce de cette nouvelle.

48) excuser : 변명하다, 용서하다, 자기변명하다

■ 나는 무례함을 변명하지 않는다.
【동사구문: V + qch (qn)】 Je n'excuse pas l'impolitesse.

- 선생님은 파업 때문에 지각한 아이들을 용서한다.
【동사구문: V + qn + de + inf】 Le professeur excuse ses étudiants d'être en retard à cause de la grève.

- 그는 이렇게 일찍 떠나야 하는 것에 용서를 구한다.
【동사구문: se ~ + de + inf】 Il s'excuse de devoir partir si tôt.

49) exister : 존재하다, 실재하다

- 여러 가지 종류의 치즈가 존재한다.
【동사구문: V ~】 Il existe différentes sortes de fromages.

50) expliquer : 설명하다

- 나의 선생님은 어려운 텍스트를 설명한다.
【동사구문: V + qch】 Mon professeur explique un texte difficile.

- 엄마는 나에게 조리법을 설명한다.
【동사구문: V + qch + à qn】 Ma mère m'explique la recette.

- 나는 아이들이 그곳에 머물러야 한다고 설명한다.
【동사구문: V + à qn + que + ind】 J'explique aux enfants qu'ils doivent rester là -bas.

- 나는 이 컴퓨터를 어떻게 사용하는지를 아버지에게 설명한다.
【동사구문: V + à qn + comment + ind】 J'explique à mon père comment utiliser cet ordinateur.

51) se fâcher : 화내다

- 나는 쉽게 화를 낸다.
【동사구문: V ~】 Je me fâche facilement.

- 나의 아버지는 판매원에게 화를 낸다.
【동사구문: V + contre + qn】 Mon père se fâche contre le vendeur.

- 나는 내 친구와 사이가 벌어졌다.
【동사구문: V + avec + qn】 Je me suis fâché avec mon amie.

52) fatiguer : 피곤하게 하다, 지치다, 진력나게 하다

- 아기의 울음소리는 그의 엄마를 피곤하게 한다.
【동사구문: V + qn】 Les cris du bébé fatiguent sa mère.

- 그는 하이킹으로 지쳤다.
【동사구문: se ~ + de + qch (qn/inf)】 Il s'est fatigué de la randonnée.

53) fermer : 닫다, 닫히다

- 이 상인은 그의 가게를 늦게 닫는다.
【동사구문: V + qch】 Le commerçant ferme tard son magasin.

- 일주일에 한번 문을 닫는 가게
【동사구문: V ~】 Le magasin qui ferme un jour par semaine.

- 문이 저절로 닫혔다
【동사구문: se ~】 La porte s'est fermée toute seule.

54) frapper : 때리다, …을 치다, 두드리다

- 나는 내동생의 얼굴을 때린다.
【동사구문: V + qch】 Je frappe le visage de mon frère.

- 그는 박수를 친다.
【동사구문: V + dans (à/sur/contre)】 Il frappe dans ses mains.

- 우체부가 문을 두드린다.
【동사구문: V + à + qch】 Le facteur frappe à la porte.

55) fumer : 담배를 피다, 훈제로 만들다

- 그는 담배 한대를 피운다.
【동사구문: V + qch】 Il fume une cigarette.

- 엄마는 고기를 훈제로 만들었다.
【동사구문 : V + qch】 Ma mère a fumé de la viande.

56) gêner : 난처하게 하다, 방해하다

- 시위 참가자들이 통행을 방해한다.
【동사구문: V + qch (qn)】 Les manifestants gênent la circulation.

57) habiller : 옷을 입히다, 옷을 입다

- 나는 내 아이에게 흰 옷을 입힌다.
【동사구문: V + qn + en】 J'habille mon enfant en blanc.

- 그녀는 옷을 짧게 입는다.
【동사구문: se ~】 Elle s'habille court.

58) habiter : 살다, 거주하다

- 우리는 시골에서 산다.
【동사구문: V + 장소】 Nous habitons à la campagne.

- 그는 친구와 함께 산다.
【동사구문: V + avec + qn】 Il habite avec son ami.

59) hésiter : 주저하다, …할까 말까 주저하다

- 그는 잠시 주저한다.
【동사구문: V ~】 Il hésite un moment.

- 수줍은 이 소년은 여자아이들에게 말하는 것을 주저한다.
【동사구문: V + à + inf】 Le garçon timide hésite à parler aux filles.

60) imaginer : 상상하다, 생각하다

- 나는 항상 가장 나쁜 것을 상상한다.
【동사구문: V + qch】 J'imagine toujours le pire.

- 나는 오늘 저녁 비가 내릴 것이라고 생각한다.
【동사구문: V + que + ind】 J'imagine qu'il va pleuvoir ce soir.

■ 나는 언젠가 파리에서 살 생각을 한다.
【동사구문: V + de + inf】 J'imagine d'habiter à Paris un jour.

61) indiquer : 가리키다, 가르쳐주다

■ 그녀는 책을 손가락으로 가리킨다.
【동사구문: V + qch】 Elle indique le livre du doigt.

■ 나는 관광객에게 길을 가르쳐 준다.
【동사구문: V + qch + à qn】 J'indique le chemin au touriste.

62) installer : 거주시키다, 배치하다, 자리잡다

■ 그는 자기 딸을 새 아파트에 입주시킨다.
【동사구문: V + qn (qch)】 Il installe sa fille dans son nouvel appartement.

■ 식사 후에 할머니는 안락의자에 편안하게 자리 잡는다.
【동사구문: se ~】 Après le repas, ma grand-mère s'installe confortablement dans un fauteuil.

63) intéresser : 관심을 끌다, 관심을 불러일으키다

■ 이 영화는 우리의 관심을 상당히 끌었다.
【동사구문: V + qn】 Ce film nous a beaucoup intéressé.

■ 선생님은 학생들이 음악에 흥미를 갖도록 한다.
【동사구문: V + qn + à + qch】 Le professeur intéresse ses étudiants à la musique.

■ 사람들은 그녀에게 관심이 많다.
【동사구문: se ~ + à + qn】 Les gens s'intéressent beaucoup à elle.

64) inviter : 초대하다

■ 그는 모든 사람들을 그의 결혼식에 초대한다.
【동사구문: V + qn】 Il invite tout le monde à ses noces.

■ 나는 내 친구들을 일요일 마다 저녁식사에 초대한다.
【동사구문: V + qn + à + inf】 J'invite mes amis à dîner tous les dimanches.

65) jouer : 놀다, 경기하다, 연주하다

■ 학생들이 쉬는 시간에 뛰어논다.
【동사구문: V ~】 Les étudiants jouent pendant la récréation.

■ 우리는 이번 주말에 축구를 할 것이다.
【동사구문: V + à + 스포츠명】 Nous allons jouer au football ce week-end.

■ 그녀는 바이올린을 연주하였다.
【동사구문: V + de + 악기명】 Elle a joué du violon.

■ 그는 영화에서 큰 배역을 맡아 연기하였다.
【동사구문: V + un rôle dans】 Il a joué un grand rôle dans un film.

■ 우리는 그들과 자주 카드놀이를 한다.
【동사구문: V + avec + qn】 Nous jouons souvent aux cartes avec eux.

66) laisser : 남기다, …이 …하게 내버려 두다, …인채 그대로 두다,

■ 그는 100 유로를 남겼다.
【동사구문: V + qch (qn)】 Il a laissé 100 euros.

■ 그는 열쇠를 수위에게 맡긴다.
【동사구문: V + qch + à qn】 Il laisse ma clé à la concierge.

■ 나는 아이들이 교회에 들어오도록 내버려둔다.
【동사구문: V + qn + inf】 Je laisse les enfants entrer dans l'église.

■ 그녀는 옷을 젖은 채 그대로 둔다.
【동사구문: V + qch (qn) + adj】 Elle laisse ses vêtements mouillés.

67) laver : 씻다, 세탁하다, 자신의 신체일부를 씻다

■ 나는 내 동생의 얼굴을 씻어준다.
【동사구문: V + qch (qn)】 Je lave la figure de ma sœur.

■ 그녀는 일요일 마다 빨래를 한다.
【동사구문: V + qch】 Elle lave du linge tous les dimanches.

■ 나는 세면대에서 손을 씻는다.
【동사구문: se ~ + 신체명사】 Je me lave les mains dans un lavabo.

68) louer : (방, 건물, 물건을) 세놓다, 임대하다

■ 우리는 학생들에게 방들을 세놓는다.
【동사구문: V + qch】 Nous louons des chambres aux étudiants.

■ 이 아파트는 세가 비싸겠다.
【동사구문: se ~】 Cet appartement doit se louer cher.

69) manquer : ~이 없다, 보고 싶다, 부족하다, ~할 뻔하다

■ 나는 시간이 없다
【동사구문: V + de + qch】 Je manque de temps.

■ 그는 자식들을 무척 그리워한다.
【동사구문: V + à qn】 Ses enfants lui manquent.

■ 나는 기차를 놓쳤다.
【동사구문: V + qch】 J'ai manqué mon train.

■ 이 책은 두 페이지가 누락되어 있다.
【동사구문: Il manque (à qch/qn) + qch】 Il manque deux pages à ce livre.

■ 그는 넘어질 뻔 하였다.
【동사구문: V + de + inf】 Il a manqué de tomber.

70) marcher : 걷다, 작동하다, 잘 진행되다

■ 우리는 지그재그로 걷다.
【동사구문: V ~】 Nous marchons en zigzag.

■ 우리는 거리를 걷는다.
【동사구문: V + dans (sur) + 장소】 Nous marchons dans la rue.

- 이 기계는 전기로 움직인다.
【동사구문: V ~】 Cet appareil marche à l'électricité.

- 사업이 잘 진행된다.
【동사구문: V ~】 Les affaires marchent bien.

71) se marier : 결혼하다

- 그들은 결혼식을 올리기 전에 같이 살았었다.
【동사구문: V ~】 Ils vivaient ensemble avant de se marier.

- 나는 내년에 여자 친구와 결혼한다.
【동사구문: V + avec + qn】 Je me marie avec ma petite amie l'année prochaine.

72) monter : 오르다, 타다, 들어 올리다

- 나는 탑 위로 올라간다.
【동사구문: V ~】 Je monte en haut d'une tour.

- 나는 자전거에 탄다.
【동사구문: V + à + qch】 Je monte à bicyclette.

- 나는 트렁크를 다락방에 들어 올린다.
【동사구문: V + qch + 장소】 Je monte une malle au grenier.

73) montrer : 보여주다, 지적하다, 제시하다

- 종업원이 손님들에게 메뉴판을 보여준다.
【동사구문: V + qch + à qn】 Le serveur montre la carte aux clients.

- 나는 아들에게 거짓말을 하지 말아야 한다는 것을 지적한다.
【동사구문: V + à qn + que + ind】 Je montre à mon fils qu'il ne faut pas mentir.

- 나는 그에게 어디로 가야하는지 제시한다.
【동사구문: V + où (comment) + ind】 Je lui montre où aller.

74) se moquer : 비웃다, 아랑곳하지 않다, 개의치 않다

■ 아이들은 그를 비웃는다.
【동사구문: V + de + qn (qch)】 Les enfants se moquent de lui.

■ 난 그건 아무래도 괜찮아.
【동사구문: V + de + qch (qn)】 Je m'en moque.

75) neiger : 눈이 내리다

■ 올해는 눈이 일찍 내렸다.
【동사구문: 비인칭】 Il a neigé très tôt cette année.

76) occuper : 차지하다, 고용하다, 종사하다, 돌보다

■ 이 테이블은 많은 공간을 차지한다.
【동사구문: V + qch】 Cette table occupe beaucoup d'espace.

■ 이 공장은 백 명의 직공을 고용하고 있다
【동사구문: V + qch】 Cette usine occupe cent ouvriers.

■ 나는 이 일에 전념한다.
【동사구문: se ~ + de + qch (qn)】 Je m'occupe de cette affaire.

■ 나는 하루일정을 짜는데 몰두하고 있다.
【동사구문: se ~ + à + inf】 Je m'occupe à organiser ma journée.

■ 나는 설거지하는 것을 담당한다.
【동사구문: se ~ + de + inf】 Je m'occupe de faire la vaisselle.

77) organiser : 조직하다, 준비하다

■ 나는 친구들과 여행을 준비한다.
【동사구문: V + qch】 J'organise un voyage avec mes amis.

78) oser : 감히 …하다

■ 그는 용감하게 진실을 말했다.
【동사구문: V + inf】 Il a osé dire la vérité.

79) oublier : 잊다, 두고 오다

- 나는 세부적인 것들을 쉽게 잊는다.
【동사구문: V + qch (qn)】 J'oublie facilement les détails.

- 나는 너에게 선물 주는 것을 잊었다.
【동사구문: V + de + inf】 J'ai oublié de te donner un cadeau.

- 그녀는 우리가 이미 디저트를 먹었다는 것을 잊고 있다.
【동사구문: V + que + ind】 Elle oublie que nous avons déjà pris du dessert.

80) parler : 말하다, 이야기하다, ~에 관해 논하다

- 그들은 프랑스어를 잘한다.
【동사구문: V + 언어명】 Ils parlent bien le français.

- 그는 자동차 사고에 대해 이야기 한다.
【동사구문: V + de + qch】 Il parle d'un accident de voiture.

- 그녀는 이웃집 여자와 요리에 관해 이야기 한다.
【동사구문: V + de + qch + avec + qn】 Elle parle de cuisine avec sa voisine.

- 그는 자기 학생들에게 문학에 관해 논한다.
【동사구문: V + de qch (무관사) + à qn】 Il parle de littérature à ses étudiants.

81) participer : …에 참가하다, 함께 나누다

- 우리는 이 경기에 참가한다.
【동사구문: V + à + qch】 Nous participons à cette compétition.

- 그녀는 친구의 슬픔을 함께 나눈다.
【동사구문: V + à + qch】 Elle participe au chagrin de son ami.

82) passer : 지나가다, 들르다, (시험을) 치르다, 지내다, ~로 이동하다, 건네주다, ~시간을 보내다

- 나는 멈추지 않고 자동차를 타고 지나간다.
【동사구문: V ~】 Je passe en voiture sans m'arrêter.

■ 그는 내 집을 들른다.
【동사구문: V + 장소】 Il passe chez moi.

■ 나는 빵을 사기 위해 빵집에 들른다.
【동사구문: V + 장소 + inf】 Je passe à la boulangerie acheter du pain.

■ 나는 지난 해에 델프 B1 시험을 치뤘다.
【동사구문: V + qch】 J'ai passél'examen de DELF B1 l'année dernière.

■ 그는 연필을 자기 친구에게 넘겨준다.
【동사구문: V + qch + à qn】 Il passe son crayon à son camarade.

■ 나는 친구 집에서 저녁시간을 보낸다.
【동사구문: V + qch + chez + qn】 Je passe la soirée chez mon ami.

■ 나는 어머니를 보기 위해 응접실로 간다.
【동사구문: V + à (dans/en) + qch】 Je passe au salon pour voir ma mère.

■ 시험이 조용하게 진행된다.
【동사구문: se ~】 L'examen se passe tranquillement.

■ 그는 일주일 동안 돈 없이 지낸다.
【동사구문: se ~ + de + qch (qn)】 Il se passe d'argent pendant une semaine.

83) penser : 생각하다

■ 나는 내 여자 친구를 생각한다.
【동사구문: V + à qn (qch)】 Je pense à ma petite amie.

■ 나는 당신에게 알린다는 것을 생각하지 못했다.
【동사구문: V + à + inf】 Je n'ai pas pensé à vous avertir.

■ 그녀는 자기 아들에게 새 옷을 사주어야 한다고 생각한다.
【동사구문: V + que + ind】 Elle pense qu'il faut acheter de nouveaux vêtements à son fils.

■ 그들은 합격했다고 생각한다.
【동사구문: V + inf】 Ils pensent avoir réussi.

84) pleurer : 울다, 슬퍼하다

- 아기는 하루 종일 운다.
【동사구문: V ~】 Le bébé pleure toute la journée.

- 나는 아버지의 죽음을 슬퍼하다
【동사구문: V + qch】 Je pleure la mort de mon père.

85) porter : 들다, 착용하다, 가져오다, 건강 상태가 ~하다

- 나는 손에 가방을 들고 있다.
【동사구문: V + qch】 Je porte un sac à la main.

- 그녀는 치마 입는 것을 좋아한다.
【동사구문: V + qch】 Elle aime porter une jupe.

- 나는 부모님 댁에 좋은 소식을 전달한다.
【동사구문: V + qch + 장소】 Je porte la bonne nouvelle chez mes parents.

- 나의 할아버지는 건강이 좋으시다.
【동사구문: se ~ + bien (mal)】 Mon grand-père se porte bien.

86) poser : 놓다, 제기하다

- 그녀는 책을 테이블 위에 놓는다.
【동사구문: V + qch + 장소】 Elle pose un livre sur la table.

- 우리는 사진을 찍기 위해 포즈를 취한다.
【동사구문: V ~】 Nous posons pour la photo.

- 나는 친구에게 문제를 제기한다.
【동사구문: V + qch + à qn】 Je pose une question à mon ami.

87) pousser : 밀다, 소리를 지르다, 불러나다, 비키다

- 그들은 자동차를 민다.
【동사구문: V + qch (qn)】 Ils poussent la voiture.

- 한 아이가 소리를 지른다.
【동사구문: V + des cris】 Un enfant pousse des cris.

- 지나가게 비켜다오.
【동사구문: se ~】 Pousse-toi, laisse-moi passer.

88) préparer : 준비하다, 각오하게 하다

- 나는 여행 계획을 세운다.
【동사구문: V + qch】 Je prépare un projet de voyage.

- 그녀는 손님을 위해 방을 갖추어 놓는다.
【동사구문: V + qch + pour + qn】 Elle prépare une chambre pour un invité.

- 그녀는 생일 케이크를 준비한다.
【동사구문: se ~ + pour (à) + inf + qch】 Elle se prépare pour faire un gâteau d'anniversaire.

89) présenter : 소개하다, 발표하다

- 나는 내 여자 친구를 부모님에게 소개한다.
【동사구문: V + qn + à qn】 Je présente ma petite amie à mes parents.

- 나의 사장님은 새 모델을 발표한다.
【동사구문: V + qch】 Mon patron présente de nouveaux modèles.

- 그들은 모든 사람들 앞에 자신을 소개한다.
【동사구문: se ~】 Ils se présentent devant tout le monde.

90) prêter : 빌려주다, 주다

- 내 동생은 나에게 항상 공을 빌려준다.
【동사구문: V + qch + à qn】 Mon frère me prête toujours son ballon.

91) prier : 기도하다, 간청하다

- 엄마는 내 시험의 합격을 위해 기도한다.
【동사구문: V + pour + qch (qn)】 Ma mère prie pour la réussite de mes examens.

■ 선생님은 학생들에게 큰소리로 말하라고 부탁한다.
【동사구문: V + qn + de + inf】 Le professeur prie les étudiants de parler fort.

92) profiter : …을 이용하다, 득이 되다

■ 나는 이번 방학을 잘 활용하고 있는 중이다.
【동사구문: V + de + qch】 Je profite bien de ces vacances.

■ 이 상황은 사장에게 많은 도움이 된다.
【동사구문: V + à qn (qch)】 Cette situation profite beaucoup au patron.

93) proposer : 제안하다, 추천하다, (목표 · 시간 따위를) 정하다

■ 그는 이 문제의 해결책을 제안한다.
【동사구문: V + qch (qn)】 Il propose une solution à ce problème.

■ 그는 나에게 자기 누이를 비서로 추천한다.
【동사구문: V + qn + à qn】 Il me propose sa soeur comme secrétaire.

■ 그녀는 이번 주말에 요리하겠다고 제안한다.
【동사구문: V + de + inf】 Elle propose de cuisiner ce weekend.

■ 그는 집안 청소를 돕기로 했다.
【동사구문 : se ~ + de + inf】 Il s'est proposé de participer au nettoyage de la maison.

94) quitter : 떠나다, 헤어지다

■ 그녀는 공항을 떠난다.
【동사구문: V + qch】 Elle quitte l'aéroport.

■ 나는 지난해에 가족과 헤어졌다.
【동사구문: V + qn】 J'ai quitté ma famille l'année dernière.

■ 우리는 서로 좋은 친구로 헤어졌다.
【동사구문: se ~】 Nous nous sommes quittés bons amis.

95) raconter : 이야기하다, 서술하다

■ 매체들은 어제 일어난 일을 이야기한다.
【동사구문: V + qch】 Les médias racontent ce qui s'est passé hier.

■ 너는 모든 사람들에게 거짓말을 한다.
【동사구문: V + qch + à qn】 Tu racontes des mensonges à tout le monde.

■ 당신은 이 여자가 유명하다고 말한다.
【동사구문: V + que + ind】 Vous racontez que cette femme est célèbre.

96) ramasser : 줍다, 수집하다

■ 엄마는 아침마다 정원에서 밤을 줍는다.
【동사구문: V + qch】 Ma mère ramasse des marrons dans le jardin tous les matins.

97) refuser : 거절하다, 거부하다, (요구 · 요청 따위를) 들어주지 않다

■ 그녀는 예의바르게 초대를 거절한다.
【동사구문: V + qch (qn)】 Elle refuse poliment une invitation.

■ 그녀는 내 질문에 대답하는 것을 거부한다.
【동사구문: V + de + inf】 Elle refuse de répondre à ma question.

■ 그들은 한 병사에게 자유를 허락하지 않고 있다.
【동사구문: V + qch + à qn】 Ils refusent la liberté à un soldat.

98) regarder: 바라보다, 관찰하다, (을) (로) 간주하다, 여기다

■ 그는 이 예쁜 집을 바라본다.
【동사구문: V + qch (qn)】 Il regarde cette belle maison.

■ 개는 고양이가 도망치는 것을 바라본다.
【동사구문: V + qch (qn) + inf】 Le chien regarde le chat s'échapper.

■ 그는 나를 아들처럼 여긴다.
【동사구문: V + qn (qch) + comme + 속사】 Il me regarde comme son fils.

99) regretter : 아쉬워하다, 유감스럽게 여기다, 후회하다

- 그는 지나간 시간을 그리워한다.
【동사구문: V + qch (qn)】 Il regrette le temps passé.

- 내 동생은 자신의 잘못을 뉘우치고 있다.
【동사구문: V + qch (qn)】 Mon frère regrette ses fautes.

100) remarquer : 알아차리다, 주목하다, 지적하다

- 나는 사고를 알아차리지 못했다.
【동사구문: V + qch (qn)】 Je n'ai pas remarqué l'accident.

- 그 여자는 우리가 빵을 너무 많이 먹는다고 말한다.
【동사구문: V + que + ind】 Elle nous fait remarquer qu'on mange trop de pain.

101) remercier : …에게 …을 감사하다, 고마워하다

- 나는 도움을 준 친구에게 감사의 말을 한다.
【동사구문: V + qn】 Je remercie un ami qui m'a rendu service.

- 나의 어머니는 당신의 친절에 대해 고맙다고 한다.
【동사구문: V + qn + de + qch】 Ma mère vous remercie de votre gentillesse.

- 나는 아버지에게 나를 도와주어서 고맙다고 했다.
【동사구문: V + qn + de + inf】 J'ai remercié mon père de m'avoir aidé.

102) remonter : 다시 오르다, (어떤 시대에) 기원을 두다

- 그는 작업을 끝내기 위해 사다리 위로 다시 올라간다.
【동사구문: V + 장소】 Il remonte sur l'échelle pour finir son travail.

- 나는 트렁크를 다락에 올린다.
【동사구문: V + qch】 Je remonte une malle au grenier.

- 이 사고는 3년 전에 일어났다.
【동사구문: V + à + 시간】 Cet accident remonte à trois ans.

103) rencontrer : 만나다, 직면하다, 서로 알게되다

- 나는 산책하다가 길에서 당신 아버지를 만났다.
【동사구문: V + qn】 J'ai rencontré votre père en me promenant dans la rue.

- 그녀는 난관에 봉착한다.
【동사구문: V + qch】 Elle rencontre des difficultés.

- 우리는 이미 만난 적이 있다.
【동사구문: se ~】 Nous nous sommes déjà rencontrés.

104) renseigner : 정보를 제공하다, 알리다, 문의하다

- 나는 행인에게 길을 가르쳐준다.
【동사구문: V + qn】 Je renseigne ce passant.

- 이 표시판은 우리에게 개관시간을 알려준다.
【동사구문: V + qn + sur + qch (qn)】 Ce panneau nous renseigne sur les horaires d'ouverture.

- 나는 호텔 값을 알아본다.
【동사구문: se ~ + (auprès de qn) sur + qch】 Je me renseigne sur le prix des hôtels.

105) réparer : 수리하다, 바로잡다

- 그는 내 시계를 수리한다.
【동사구문: V + qch】 Il répare ma montre.

106) repasser : 다시 지나가다, (시험을) 다시 치다, 다림질하다

- 나는 같은 길을 지나가다.
【동사구문: V ~】 Je repasse par le même chemin.

- 그녀는 운전면허시험을 내년에 다시 칠 것이다.
【동사구문: V + qch】 Elle repassera son permis de conduire l'année prochaine.

- 나는 매일 아침마다 바지를 다린다.
【동사구문: V + qch】 Je repasse un pantalon tous les matins.

107) reposer : …의 위에 세워지다, …에 달려있다, 쉬다

- 집은 큰 바위 위에 세워져 있었다.
【동사구문: V + sur + qch (qn)】 La maison reposait sur un grand rocher.

- 성공은 당신의 노력 여하에 달려 있다.
【동사구문: V + sur + qch】 Le succès reposera sur vos efforts.

- 나는 일을 해서 피곤해져 휴식을 취한다.
【동사구문: se ~ + de + qch (inf)】 Je me repose de la fatigue du travail.

108) ressembler : 닮다, 비슷하다

- 그는 유명한 한 미국 배우를 닮았다.
【동사구문: V + à qn】 Il ressemble à un célèbre acteur américain.

- 대도시는 모두가 다 비슷하다.
【동사구문: se ~】 Toutes les grandes villes se ressemblent.

109) rester : (같은 장소에) 있다, (같은 상태에) 있다, (을) 계속하고 있다, (~에게)…이 남아있다, …할 일이 남아 있다

- 그는 1시간 전부터 서 있다.
【동사구문: V + 속사】 Il reste debout depuis une heure.

- 그녀는 주말에 늘 집에 있다.
【동사구문: V + 장소】 Elle reste toujours chez elle le week-end.

- 그는 밤늦게까지 영화를 본다.
【동사구문: V + à + inf】 Il reste à regarder le film jusque tard dans la nuit.

- 결단을 내리기까지는 당신에게 아직 약간의 시간이 있다.
【동사구문: Il reste + qch (qn) + à qn】 Il vous reste encore du temps pour vous décider.

- 나에게는 아직 설거지 할 것이 남아 있다.
【동사구문: Il reste à qn + à + inf】 Il me reste à faire la vaisselle.

110) retirer : 꺼내다, 끌어내다, 인출하다

- 나는 상자에서 병 두 개를 꺼낸다.
【동사구문: V + qch + de + qch】 Je retire deux bouteilles de la boîte.

- 그는 이 교육 프로그램에서 자기 아이들을 빼낸다.
【동사구문: V + qn + de + qch】 Il retire ses enfants de ce programme éducatif.

- 시장은 외국인에게서 일자리를 박탈한다.
【동사구문: V + qch + à qn】 Le maire retire les emplois aux étrangers.

111) retourner : 돌아오다, 뒤집다, 반송하다

- 그는 병원으로 돌아온다.
【동사구문: V + 장소】 Il retourne à l'hôpital.

- 엄마는 오믈렛을 뒤집는다.
【동사구문: V + qch】 Ma mère retourne l'omelette.

- 나는 이 소포를 발신인에게 반송한다.
【동사구문: V + qch + à qn】 Je retourne ce colis à l'expéditeur.

112) retrouver : 다시 찾다, (어떤 상태에 있는)…을 다시 보다, 서로 다시 만나다

- 나는 내 열쇠들을 다시 찾았다.
【동사구문: V + qch (qn)】 J'ai retrouvé mes clefs.

- 나는 내동생의 성장한 모습을 본다.
【동사구문: V + qn (qch) + 속사】 Je retrouve mon frère grandi.

- 그들은 우연히 파리에서 다시 만났다.
【동사구문: se ~】 Ils se sont retrouvés par hasard à Paris.

113) réveiller : 잠을 깨우다, 잠을 깨다

- 그녀는 7시에 나를 깨운다.
【동사구문: V + qch (qn)】 Elle me réveille à 7 heures.

■ 나는 주말에 아주 늦게 일어난다.
【동사구문: se ~】 Je me réveille très tard le week-end.

114) rêver : 꿈을 꾸다 …의 꿈을 꾸다, 몽상하다, (자신이) …가 되는 것을 갈망하다

■ 나는 꿈을 잘 꾸지 않는다.
【동사구문: V ~】 Je rêve rarement.

■ 나는 어제 밤 당신 꿈을 꾸었다.
【동사구문: V + de + qch (qn)】 J'ai rêvé de vous cette nuit.

■ 더 나은 미래에 대한 공상에 빠진다.
【동사구문: V + à (sur) + qch】 Je rêve à un avenir meilleur.

■ 그 여자는 선생님이 되는 것이 꿈이다.
【동사구문: se ~ + 속사】 Elle se rêve professeur.

115) risquer : 위험하게 하다, …할 위험이 있다, 위험을 무릅쓰고 …하다

■ 내 동생은 항상 위험에 처해 있다.
【동사구문: V + qch】 Mon frère risque tout le temps sa situation.

■ 이 아기는 감기에 들 위험이 있다.
【동사구문: V + de + inf】 Le bébé risque d'attraper froid.

■ 그는 위험을 무릅쓰고 그 다리를 건너갔다.
【동사구문: se ~ + à + inf】 Il s'est risqué à traverser le pont.

116) rouler : 차가 달리다, (종이 따위를) 말다, (~으로) 몸을 감다

■ 이 자동차는 시속 100킬로로 달리고 있다.
【동사구문: V ~】 La voiture roule à 100 km à l'heure.

■ 나의 할아버지는 아침마다 답배를 만다.
【동사구문: V + qch】 Mon grand-père roule une cigarette tous les matins.

■ 나는 담요로 몸을 감는다.
【동사구문: se ~ + dans + qch】 Je me roule dans une couverture.

117) sauter : 뛰어오르다, 뛰어넘다

■ 그들은 물속으로 뛰어든다.
【동사구문: V ~】 Ils sautent dans l'eau.

■ 그녀는 자주 식사를 거른다.
【동사구문: V + qch】 Elle saute souvent un repas.

■ 도둑이 벽을 뛰어넘어 달아난다.
【동사구문: V + qch】 Le voleur saute le mur.

118) sembler : …인 듯 하다, …인 것 같다

■ 그들은 행복한 듯 하다.
【동사구문: V + 속사】 Ils semblent heureux.

■ 그녀는 피곤해 보였다.
【동사구문: V + à qn + 속사】 Elle m'a semblé fatiguée.

■ 기차가 늦어질 것 같다.
【동사구문: Il semble que + subj】 Il semble que le train soit en retard.

■ 그것을 사는 것은 쓸데 없을 것 같다.
【동사구문: Il semble (à qn) + adj + de】 Il me semble inutile de l'acheter.

■ 내게는 꽤 심각해 보인다.
【동사구문: Il (me, te, lui…) semble que + ind】 Il me semble que c'est assez grave.

119) soigner : 마음을 쓰다, 치료하다, 보살피다

■ 이 판매원은 고객을 정성으로 대한다.
【동사구문: V + qn (qch)】 Cette vendeuse soigne sa clientèle.

- 이 의사는 자기 환자들을 아주 잘 보살핀다.
【동사구문: V + qn (qch)】 Le médecin soigne très bien ses patients.

120) souhaiter : 기원하다, 소원하다

- 아이들은 산타 할아버지가 오는 것을 소망한다.
【동사구문: V + qch】 Les enfants souhaitent la venue du père Noël.

- 당신은 아들에게 행복을 빌어준다.
【동사구문: V + qch + à qn】 Vous souhaitez le bonheur à votre fils.

- 그들은 일찍 떠나기를 바란다.
【동사구문: V + inf】 Ils souhaitent partir tôt.

- 우리는 내일 날씨가 화창하기를 바란다.
【동사구문: V + que + subj】 Nous souhaitons qu'il fasse beau demain.

121) sauver : 구하다, 구출하다

- 나는 나의 가족을 구한다.
【동사구문: V + qch (qn)】 Je sauve ma famille.

- 의사는 이 어린 소녀를 불행에서 구해낸다.
【동사구문: V + qn + de + qch】 Le médecin sauve la petite fille de la misère.

122) supposer : 가정하다, 추측하다

- 그는 문제가 해결된 것으로 가정한다.
【동사구문: V + qch + 속사】 Il suppose le problème résolu.

- 그들은 버스를 탄다고 가정한다.
【동사구문: V + que + subj】 Ils supposent qu'ils prennent le bus.

- 사람들은 그에게 개인 재산이 많을 것이라고 추측하고 있다.
【동사구문: V + qch + à qn】 On lui suppose une fortune personnelle.

123) surveiller : 감시하다, 지켜보다, 돌보다

- 관리인은 입구와 출구들을 감시한다.
【동사구문: V + qch】 Le gardien surveille les entrées et sorties.

- 나는 아이들을 두 시간 동안 봐주었다.
【동사구문: V + qn】 J'ai surveillé des enfants pendant deux heures.

124) taper : 때리다, 두드리다, 쓰다

- 나는 내 친구의 등을 두드린다.
【동사구문: V ~】 Je tape sur le dos de mon ami.

- 나는 문을 세 번 노크한다.
【동사구문: V + qch】 Je tape trois coups à la porte

- 나는 남동생에게 편지를 쓴다.
【동사구문: V + qch + à qn】 Je tape une lettre à mon frère.

125) téléphoner : 전화하다, 전화로 알리다

- 여기에서는 전화하기가 어렵다.
【동사구문: V ~】 Il est difficile de téléphoner ici.

- 나는 선생님에게 전화한다.
【동사구문: V + à qn】 Je téléphone à mon professeur.

- 나는 친구에게 시험 결과를 전화로 알려준다.
【동사구문: V + qch + à qn】 Je téléphone les résultats d'examen à mon ami.

126) terminer : 끝마치다, 완료하다, ~로 끝나다

- 그는 일을 마친다.
【동사구문: V + qch】 Il termine son travail.

- 나는 파리를 방문하는 것으로 여행을 끝마친다.
【동사구문: V + qch + par + qch】 Je termine notre voyage par une visite de Paris.

127) tirer : …을 잡아당기다, 잡아끌다, (정보 따위를) 얻다

- 그는 줄을 세게 당긴다.
【동사구문: V + qch】 Il tire fortement une corde.

- 나는 내 아이를 손으로 잡아끌다.
【동사구문: V + qn】 Je tire mon enfant par la main.

- 나는 친구인 소방관에게서 정보를 얻는다.
【동사구문: V + qch + de + qn】 Je tire mes informations de mon ami pompier.

128) tomber : 넘어지다, 떨어지다, …이 되다

- 그는 땅에 쓰러진다.
【동사구문: V ~】 Il tombe par terre.

- 나는 구렁텅이에 떨어졌다.
【동사구문: V + dans + qch】 Je suis tombé dans un abîme.

- 그녀는 사랑에 빠진다.
【동사구문: V + 속사】 Elle tombe amoureuse.

129) toucher : 만지다, 손대다, (사람을) 감동시키다

- 아이들이 물건을 만진다.
【동사구문: V + qch (qn)】 Les enfants touchent un objet.

- 이 아이는 뭐든지 손을 댄다.
【동사구문: V + à + qch (qn)】 Cet enfant touche à tout.

- 나는 그의 친절에 감동받았다.
【동사구문: être touché(e) + de + qch】 Je suis touché de sa gentillesse.

130) tourner : 돌다, 돌리다, (쪽으로) 돌아보다

- 지구는 태양 주위를 돈다.
【동사구문: V ~】 La terre tourne autour du soleil.

■ 우리는 오른쪽으로 돈다.
【동사구문: V + 방향】 Nous tournons à droite.

■ 그는 찬물 수도꼭지를 돌린다.
【동사구문: V + qch】 Il tourne le robinet d'eau froide.

■ 나는 그녀에게 책 한 권을 주려고 돌아섰다.
【동사구문: se ~ + vers + qn】 Je me suis tourné vers elle pour lui donner un livre.

131) travailler : 일하다, 공부하다, …하려고 애쓰다

■ 나는 열심히 일한다.
【동사구문: V ~】 Je travaille dur.

■ 그녀는 사무실에서 일한다.
【동사구문: V + 장소】 Elle travaille au bureau.

■ 그녀는 델프 시험에 대비하여 공부한다.
【동사구문: V + qch】 Elle travaille son examen de DELF.

■ 나는 사람들 앞에서 크게 말하려고 노력한다.
【동사구문: V + à + inf (qch)】 Je travaille à parler fort devant les gens.

132) traverser : 가로질러 건너다, 통과하다, (생각 따위가) 떠오르다

■ 그들은 길을 건넌다.
【동사구문: V + qch】 Ils traversent la rue.

■ 어떤 추억이 나의 뇌리를 스쳐갔다.
【동사구문: V + qch】 Un souvenir m'a traversé l'esprit.

133) tromper : 속이다, 배신하다, …에 관해서 잘못 생각하다, 혼돈하다,

■ 그는 장사에서 그의 손님들을 속인다.
【동사구문: V + qn】 Il trompe ses clients dans une affaire.

■ 나는 내 친구를 오해한다.
【동사구문: se ~ + sur + qn (qch)】 Je me trompe sur mon ami.

■ 우리는 날짜를 착각했다.
【동사구문: se ~ + de + 무관사명사】 Nous nous sommes trompés de date.

134) trouver : 발견하다, 생각하다, ~있다

■ 나는 자동차를 주차할 장소를 발견했다.
【동사구문: V + qch (qn)】 J'ai trouvé une place pour garer la voiture.

■ 그는 너를 아름답다고 생각한다.
【동사구문: V + qch (qn) + 속사】 Il te trouve belle.

■ 나는 그녀가 다정하다고 생각한다.
【동사구문: V + que + ind】 Je trouve qu'elle est aimable.

■ 나의 집은 시내 한복판에 있다.
【동사구문: se ~】 Ma maison se trouve au centre-ville.

135) visiter : 방문하다, 여행하다, (정보) 조회하다, 들어가다

■ 그들은 한국을 방문한다.
【동사구문: V + 장소】 Ils visitent la Corée.

■ 나는 매일 이 웹사이트에 들어간다.
【동사구문: V + qch】 Je visite ce site web tous les jours.

❷ 1군 동사 (변칙형) 및 동사 구문

1군 동사의 변칙형에는 다음과 같은 유형들이 있다. 대부분 발음 규칙과 관련된 변칙이다.

(1) 무음의 어미(-e, -es, -ent) 앞에서 e → è

이와 같이 변화하는 동사는 acheter, amener, emmener, élever, enlever, lever, peser, ramener 등이 있다.

* 아래 acheter 동사표 참조

acheter

직설법			명령법	현재분사	과거분사
현재	반과거	미래			
(j')achète (tu)achètes (il)achète (nous)achetons (vous)achetez (ils)achètent	(j')achetais (tu)achetais (il)achetait (nous)achetions (vous)achetiez (ils)achetaient	(j')achèterai (tu)achèteras (il)achètera (nous)achèterons (vous)achèterez (ils)achèteront	(tu)achète (nous)achetons (vous)achetez	achetant	acheté

1) acheter : 사다, 구입하다, (~에게) 사주다

- 나는 내년에 집을 살 것이다.
【동사구문: V + qch】 Il achètera une maison l'année prochaine.

- 그는 자기 아이에게 사탕을 사준다.
【동사구문: V + qch + à qn】 Il achète un bonbn à son enfant.

- 그녀는 시장에서 감자를 1 유로에 산다.
【동사구문: V + 가격】 Elle achète la pomme de terre 1 euro au marché.

- 그는 3유로어치의 올리브를 샀다.
【동사구문: V + pour + 가격 + de + qch】 Il a acheté pour 3 euros d'olives.

2) amener : 데리고 가다(오다), 끌어들이다, 이끌다

- 나는 나의 할머니를 차에 태워 역에 모셔다 드린다.
【동사구문: V + qn + 장소】 J'amène ma grand-mère à la gare dans ma voiture.

■ 그녀는 자기 딸이 의견을 바꾸도록 이끈다.
【동사구문: V + qn + à + inf】 Elle amène sa fille à changer d'avis.

3) emmener : (사람을 다른 장소로) 데리고 가다

■ 그는 자기 아들을 병원으로 데리고 간다.
【동사구문: V + qn + 장소】 Il emmène son fils chez le médecin.

■ 나는 내 친구를 기차를 태우기 위해 데리고 간다
【동사구문: V + qn + inf】 J'emmène mon ami prendre son train.

4) élever : 들어 올리다, 교육하다, 높아지다

■ 한 학생이 머리 위로 팔을 들어올린다.
【동사구문: V + qch】 Un étudiant élève les bras au-dessus de sa tête.

■ 그는 자기 자식들을 잘못 가르쳤다.
【동사구문: V + qn】 Il a mal élevé ses enfants.

■ 물가가 매일 오르고 있다.
【동사구문: se ~】 Les prix s'élèvent chaque jour.

5) enlever : 없애다, 빼다, 자기의 몸에서 빼내다

■ 그녀는 물건들을 자동차에서 꺼낸다.
【동사구문: V + qch (qn)】 Elle enlève les objets de la voiture.

■ 나는 내 아이의 신발을 벗겨준다.
【동사구문: V + qch + à qn】 J'enlève ses chaussures à mon enfant.

■ 그녀는 손에서 가시를 빼냈다.
【동사구문: se ~】 Elle s'est enlevé l'arête de la main.

6) lever : 들다, 올리다, 잠자리에서 일어나다, (해 · 달 따위가) 뜨다

■ 나는 발언권을 얻기 위해 손을 든다.
【동사구문: V + qch】 Je lève la main pour demander la parole.

■ 나는 내일 일찍 일어날 것이다.
【동사구문: se ~】 Je vais me lever tôt demain.

■ 해가 여름에는 6시에 뜬다.
【동사구문: se ~】 Le soleil se lève à 6 heures en été.

7) peser : 무게가 나가다, 무게를 달다, …을 괴롭히다, (자기의) 몸무게를 재다

■ 이 아이의 몸무게는 10킬로이다.
【동사구문: V ~】 Cet enfant pèse dix kilogrammes.

■ 정육점 주인이 소고기를 저울에 단다.
【동사구문: V + qch (qn)】 Le boucher pèse la viande avec une balance.

■ 아이들 때문에 그는 골치를 썩힌다.
【동사구문: V + à qn】 Ses enfants lui pèsent.

■ 그는 살이 찌지 않았나 보려고 체중을 달아 보았다
【동사구문: se ~】 Il s'est pesé pour voir s'il n'avait pas grossi.

8) ramener : 다시 데려오다, (어떤 상태로) 돌아오게 하다

■ 내가 당신을 차로 집까지 데려다 주겠다.
【동사구문: V + qch (qn)】 Je vous ramène chez vous en voiture.

■ 나는 환자를 병원에 데려다 준다.
【동사구문: V + qn + à + qch】 Je ramène le patient à l'hôpital.

■ 선생님은 교실을 조용한 상태로 돌아오게 한다.
【동사구문: V + qch + à + qch】 Le professeur ramène la classe au silence.

(2) 무음의 어미(-e, -es, -ent) 앞에서 l / t → ll / tt

이와 같이 변화하는 동사는 appeler, rappeler, jeter 등이 있다.

* 아래 appeler 동사표 참조

appeler

직설법			명령법	현재분사	과거분사
현재	반과거	미래			
(j')appelle (tu)appelles (il)appelle (nous)appelons (vous)appelez (ils)appellent	(j')appelais (tu)appelais (il)appelait (nous)appelions (vous)appeliez (ils)appelaient	(j')appellerai (tu)appelleras (il)appellera (nous)appellerons (vous)appellerez (ils)appelleront	(tu)appelle (nous)appelons (vous)appelez	appelant	appelé

9) appeler : 부르다, (을)(라고) 부르다, 이름이 … 이다

- 그는 택시를 부른다.
【동사구문: V + qn】 Il appelle un taxi.

- 내게 딸이 생기면 실비라고 이름 짓겠다.
【동사구문: V + qn (qch) + 속사】 Si j'ai une fille, je l'appellerai Sylvie.

- 내 이름은 안나이다.
【동사구문: se ~】 Je m'appelle Anne.

10) rappeler : 다시 부르다, 기억하다

- 그는 휘파람으로 개를 다시 부른다.
【동사구문: V + qn】 Il rappelle son chien en sifflant.

- 그는 나에게 우체부가 온다는 것을 상기시킨다.
【동사구문: V + qch + à qn】 Il me rappelle l'arrivée du facteur.

- 나는 학생들에게 늦지 않도록 상기시킨다.
【동사구문: V + à qn + de + inf】 Je rappelle aux étudiants de ne pas être en retard.

- 그녀는 나를 기억한다.
【동사구문: se ~ + de + qn】 Elle se rappelle de moi.

11) jeter : 던지다, 버리다, 안기다

- 젊은애들이 빈병들을 던진다.
【동사구문: V + qch】 Les jeunes jettent leurs bouteilles vides.

■ 나는 신문을 휴지통에 버린다.
【동사구문: V + qch + 장소】 Je jette le journal à la poubelle.

■ 나는 엄마의 품안에 왈칵 안긴다.
【동사구문: se ~】 Je me jette dans les bras de ma mère.

(3) 무음의 어미(-e, -es, -ent) 앞에서 é → è

이와 같이 변화하는 동사는 espérer, opérer, préférer, répéter 등이 있다.
* 아래 espérer 동사표 참조

espérer

직설법			명령법	현재분사	과거분사
현재	반과거	미래			
(j')espère (tu)espères (il)espère (nous)espérons (vous)espérez (ils)espèrent	(j')espérais (tu)espérais (il)espérait (nous)espérions (vous)espériez (ils)espéraient	(j')espérerai (tu)espéreras (il)espérera (nous)espérerons (vous)espérerez (ils)espéreront	(tu)espère (nous)espérons (vous)espérez	espérant	espéré

12) espérer : 바라다, 기대를 걸다

■ 그는 버스가 늦지 않기를 바란다.
【동사구문: V + que + ind】 Il espère que le bus ne sera pas en retard.

■ 나는 시험에 합격하기를 바란다.
【동사구문: V + inf】 J'espère réussir mes examens.

■ 나는 내 미래에 기대를 건다.
【동사구문: V + en】 J'espère en mon avenir.

13) opérer : 실행하다, 수술하다

■ 나는 요청받은 변동사항을 적용한다.
【동사구문: V + qch】 J'opère les changements demandés.

- 의사는 환자의 맹장을 수술한다.
【동사구문: V + qn + de + qch】 Le médecin opère le patient de l'appendicite.

14) préférer : 더 좋아하다, 선호하다

- 그녀는 이 원피스를 선호한다.
【동사구문: V + qch (qn)】 Elle préfère cette robe.

- 나는 초코렛보다 과일을 더 좋아한다.
【동사구문: V + qch + à + qch】 Je préfère les fruits au chocolat.

- 그녀는 자기 아들이 이 스프를 먹지 않았으면 한다.
【동사구문: V + que + subj】 Elle préfère que son fils ne mange pas cette soupe.

- 나는 집에서 영화 보는 것을 좋아한다.
【동사구문: V + inf】 Je préfère regarder le film à la maison.

15) répéter : 반복하다, 되풀이하다, 복습하다

- 그는 늘 같은 말을 되풀이 한다.
【동사구문: V + qch】 Il répète toujours la même chose.

- 코치는 자기 선수들에게 지시사항을 반복한다.
【동사구문: V + qch + à qn】 Le coach répète les instructions à ses joueurs.

- 나는 내 이웃에게 내가 이사할 것이라는 것을 되풀이 한다.
【동사구문: V + à qn + que】 Je répète à mon voisin que je vais déménager.

- 우리는 이 문을 통과할 수 없다는 것을 반복하여 말한다.
【동사구문: V + de + inf】 Nous répétons de ne pas passer cette porte.

- 나는 집에서 배운 것을 복습한다.
【동사구문: V + qch】 Je répète les leçons à la maison.

(4) 무음의 어미(-e, -es, -ent) 앞에서 y → I

이와 같이 변화하는 동사는 appuyer, employer, ennuyer, envoyer, essayer, nettoyer 등이 있다. 단 balayer, payer처럼 –ayer 일 때만은 y가 i로 변해도 좋고 그대로 두어도 좋다. 물론 1인칭 2 인칭 복수는 그대로이다.

* 아래 employer 동사표 참조

employer

직설법			명령법	현재분사	과거분사
현재	반과거	미래			
(j')emploie	(j')employais	(j')emploierai	(tu)emploie	employant	employé
(tu)emploies	(tu)employais	(tu)emploieras	(nous)employons		
(il)emploie	(il)employait	(il)emploiera	(vous)employez		
(nous)employons	(nous)employions	(nous)emploierons			
(vous)employez	(vous)employiez	(vous)emploierez			
(ils)emploient	(ils)employaient	(ils)emploieront			

16) appuyer : 누르다, 기대다, 의지하다

■ 나는 버튼을 누른다.
【동사구문: V + sur + qch】 J'appuie sur le bouton.

■ 아버지는 사다리를 벽에 걸쳐놓는다.
【동사구문: V + qch + contre (sur/à)】 Mon père appuie une échelle contre le mur.

■ 나는 장의 요구를 지지해준다.
【동사구문: V + qch (qn)】 J'appuie la demande de Jean.

■ 그는 마음을 달래기 위해 나에게 의지한다.
【동사구문: se ~ + sur】 Il s'appuie sur moi pour se consoler.

17) employer : 사용하다, 고용하다, 애쓰다

■ 그녀는 자기 엄마를 위해 가정부를 고용한다.
【동사구문: V + qn (qch)】 Elle emploie une femme de ménage pour sa mère.

■ 우리는 모든 자유 시간을 공부하는데 사용한다.
【동사구문: V + qch + à + inf】 Nous employons tout notre temps libre à étudier.

- 그는 해결책을 찾기 위해 노력한다.
【동사구문: se ~ + à + qch (inf)】 Il s'emploie à la recherche d'une solution.

18) ennuyer : 귀찮게 하다, 지루하게 하다, 싫증나다

- 넌 네 이야기로 잘 귀찮게 해!
【동사구문: V + qn】 Tu m'ennuies avec tes histoires!

- 그는 그 수업에 늘 지루해 한다.
【동사구문: se ~】 Il s'ennuie toujours pendant ce cours.

- 나는 파리가 싫증이 난다
【동사구문: se ~ + de】 Je m'ennuie de Paris.

19) envoyer : 보내다, 서로 보내다

- 우리는 어머니에게 선물을 보낸다.
【동사구문: V + qch + à qn】 Nous envoyons un cadeau à notre mère.

- 그녀는 자기 아들을 도서관에 보낸다.
【동사구문: V + qn + à + 장소】 Elle envoie son fils à la bibliothèque.

- 나는 남편을 신문을 사러 보낸다.
【동사구문: V + qn + inf】 J'envoie mon mari acheter le journal.

- 그들은 정기적으로 긴 편지를 주고받는다.
【동사구문: se ~】 Ils s'envoient régulièrement de longues lettres.

20) essayer : 시험하다, 입어(신어)보다, (하려고) 애쓰다

- 음악가는 새 기타를 시험해 본다.
【동사구문: V + qch】 Le musicien essaie une nouvelle guitare.

- 여동생이 내 드레스를 입어본다.
【동사구문: V + qch】 Ma soeur essaie ma robe.

- 여자 환자는 걸어보려고 애쓴다.
【동사구문: V + de + inf】 La malade essaie de marcher.

21) nettoyer : 청소하다, 깨끗이 하다

- 나는 내 안경을 닦는다.
【동사구문: V + qch】 Je nettoie mes lunettes.

- 나의 아버지는 연못의 오물을 치우고 있다.
【동사구문: V + qch + de + qch】 Mon père nettoie les ordures du bassin.

22) payer : 지불하다, (을) 사다, 비용을 내주다

- 그 은행은 이제 지불 능력이 없다
【동사구문: V ~】 La banque ne peut plus payer.

- 나는 내 빚들을 갚는다.
【동사구문: V + qch】 Je paie mes dettes.

- 그녀는 자동차를 만 유로에 산다.
【동사구문: V + qch + 가격】 Elle paie sa voiture dix mille euros.

- 사장은 나에게 바캉스 비용을 대준다.
【동사구문: V + qch + à qn】 Mon patron me paie des vacances.

(5) -cer : -cons → çons

이와 같이 변화하는 동사는 annoncer, avancer, commencer, forcer, lancer, placer, prononcer, remplacer 등이 있다.

* 아래 avancer 동사표 참조

avancer

직설법			명령법	현재분사	과거분사
현재	반과거	미래			
(j')avance (tu)avances (il)avance (nous)avançons (vous)avancez (ils)avancent	(j')avançais (tu)avançais (il)avançait (nous)avancions (vous)avanciez (ils)avançaient	(j')avancerai (tu)avanceras (il)avancera (nous)avancerons (vous)avancerez (ils)avanceront	(tu)avance (nous)avançons (vous)avancez	avançant	avancé

23) annoncer : 알리다, 예고하다

■ 이 작은 꽃은 봄을 예고한다.
【동사구문: V + qch】 Cette petite fleur annonce le printemps.

■ 연회 도중, 김씨의 도착을 알려왔다.
【동사구문: V + qn】 Au milieu de la soirée, on a annoncé monsieur Kim.

■ 나는 좋은 소식을 사장에게 알린다.
【동사구문: V + qch + à qn】 J'annonce une bonne nouvelle à mon patron.

■ 나는 파업이 끝났음을 알린다.
【동사구문: V + que + ind】 J'annonce que la grève est finie.

24) avancer : 나아가다, 내밀다, 앞당기다

■ 교통이 혼잡하다 : 자동차들이 더 이상 나아가지 못한다.
【동사구문: V ~】 Il y a des embouteillages: Les voitures n'avancent plus.

■ 그녀는 새로운 제안을 내놓는다.
【동사구문: V + qch】 Elle avance une nouvelle proposition.

■ 나는 출발을 이틀 앞당긴다.
【동사구문: V + qch】 J'avance mon départ de deux jours.

25) commencer : 시작하다

■ 강의가 9시에 시작한다.
【동사구문: V ~】 Le cours commence à 9 heures.

■ 나는 내 숙제를 시작한다.
【동사구문: V + qch】 Je commence mes devoirs.

■ 우리는 7시부터 요리를 하기 시작한다.
【동사구문: V + à (de) + inf】 Nous commençons à cuisiner à partir de 7 heures.

■ 공연은 노래부터 시작하였다.
【동사구문: V + par + qch】 Le spectacle a commencé par une chanson.

26) forcer : 힘으로 부서뜨리다, 강요하다, 강제하다

■ 그는 문을 부수고 들어간다.
【동사구문: V ~】 Il force une porte.

■ 그는 직업상 자주 여행을 하지 않을 수 없다.
【동사구문: V + qn + à + qch】 Son métier le force à de fréquents voyages.

■ 그는 아들에게 그를 보러오라고 강요한다.
【동사구문: V + qn + à + inf】 Il force son fils à venir le voir.

27) lancer : 내뻗다, 던지다

■ 그녀는 팔을 앞으로 내뻗는다.
【동사구문: V + qch】 Elle lance les bras en avant.

■ 이 회사는 올해 신 모델 차를 내놓는다.
【동사구문: V + qch】 Cette société lance un nouveau modèle de voiture cette année.

■ 선수는 바구니에 공을 던진다.
【동사구문: V + qch + 장소】 Le joueur lance le ballon dans le panier.

■ 선생님은 소란스러운 학생에게 눈길을 던진다.
【동사구문: V + qch + à qn】 Le professeur lance un regard à l'élève turbulent.

28) placer : 놓다, 배치하다, 앉히다

■ 그는 벽난로 위에 추시계를 놓는다.
【동사구문: V + qch + 장소】 Il place une pendule sur une cheminée.

■ 나는 아이를 식탁에 앉힌다.
【동사구문: V + qn + 장소】 Je place mon enfant à table.

29) prononcer : 발음하다, (말, 연설 따위를) 하다

■ 학생들은 배운 단어를 정확하게 발음한다.
【동사구문: V + qch】 Les étudiants prononcent correctement le mot appris.

■ 그는 연설을 한다.
【동사구문: V + qch】 Il prononce son discours.

30) remplacer : 대체하다, 후임자가 되다, 바꾸다, 대신하다

■ 나는 깨진 문을 간다.
【동사구문: V + qch】 Je remplace une porte cassée.

■ 아들이 그의 후임으로 사장이 되었다.
【동사구문: V + qn】 Son fils l'a remplacé comme P.D.G

■ 나는 낡은 식탁보를 새 것으로 바꾼다.
【동사구문: V + qch + par + qch】 Je remplace une vieille nappe par une neuve.

(6) -ger : -gons → geons

이와 같이 변화하는 동사는 arranger, bouger, changer, charger, loger, manger, nager, obliger, songer 등이 있다.

* 아래 manger동사표 참조

manger

직설법			명령법	현재분사	과거분사
현재	반과거	미래			
(je)mange (tu)manges (il)mange (nous)mangeons (vous)mangez (ils)mangent	(je)mangeais (tu)mangeais (il)mangeait (nous)mangions (vous)mangiez (ils)mangeaient	(je)mangerai (tu)mangeras (il)mangera (nous)mangerons (vous)mangerez (ils)mangeront	(tu)mange (nous)mangeons (vous)mangez	mangeant	mangé

31) arranger : 배열하다, 정리하다, 조정하다, …하도록 하다, 합의하다

■ 우리는 이야기를 구성하기 위해 문장들을 배열한다.
【동사구문: V + qch】 Nous arrangeons les phrases dans l'ordre pour composer l'histoire.

■ 기꺼이 그것을 해결하도록 하겠습니다.
【동사구문: V + qch】 Avec plaisir, on va arranger ça.

- 며칠 머무를 수 있도록 해봐 !
【동사구문: se ~ + pour + inf】 Arrange-toi pour rester quelques jours!

- 그녀와 함께 하면 나는 언제나 뜻이 맞는다.
【동사구문: se ~ + (avec/de) + qn】 Avec elle, je m'arrange toujours.

32) bouger : 움직이다, 이동하다

- 나뭇가지들이 바람에 흔들린다.
【동사구문: V ~】 Les branches bougent avec le vent.

- 나는 내 방의 가구들을 옮긴다.
【동사구문: V + qch】 Je bouge les meubles de ma chambre.

33) changer : 바꾸다, 변화하다, 갈아입다

- 날씨가 변할 것 같다.
【동사구문: V ~】 Le temps va changer.

- 나는 리모콘의 건전지를 교체한다.
【동사구문: V + qch】 Je change les piles de la télécommande.

- 그는 다음 달에 컴퓨터를 바꾼다.
【동사구문 : V + de + qch】 Il change d'ordinateur le mois prochain.

- 나는 나가기 전에 옷을 갈아입을 것이다.
【동사구문 : se ~】 Je vais me changer avant de sortir.

34) charger : (…에 짐을) 싣다, (책임, 의무를) 지우다, (을)(으로) 가득 채우다

- 나는 수레에 물건들을 싣는다.
【동사구문: V + qch】 Je charge les objets dans le chariot.

- 그녀는 식탁에 음식을 푸짐하게 차려놓는다.
【동사구문: V + qch + de】 Elle charge la table de mets.

- 그 일은 그가 맡는다.
【동사구문: se ~ + de + qch (qn)】 Il se charge de ce travail.

- 나는 콘서트 티켓을 구입하는 일을 맡는다.
【동사구문: se ~ + de + inf】 Je me charge d'acheter un ticket pour le concert.

35) loger : 묵다, 거주하다

- 우리는 3일 동안 호텔에서 묵는다.
【동사구문: V ~】Nous logeons à l'hôtel pendant 3 jours.

- 런던에 거주하기는 어렵다.
【동사구문: se ~】Il est difficile de se loger à Londres.

36) manger : 먹다

- 우리는 많이 먹는다.
【동사구문: V ~】 Nous mangeons beaucoup.

- 그녀는 식사 때마다 치즈 한 조각을 먹는다.
【동사구문: V + qch】 Elle mange un morceau de fromage à tous les repas.

37) nager : 수영하다

- 우리는 해변에서 수영한다.
【동사구문: V ~】 Nous nageons à la plage.

- 그는 수영장에서 접영으로 수영한다.
【동사구문: V + qch】 Il nage la brasse papillon à la piscine.

38) obliger : 강제하다, 구속하다, 책임을 지다

- 나쁜 날씨는 관광객들을 호텔로 다시 들어오게 한다.
【동사구문: V + qn + à + inf】 Le mauvais temps oblige les touristes à rentrer à l'hôtel.

- 그녀가 그것을 좋아하지 않을 지라도, 그에게 말해야만 한다.
【동사구문: s' ~ + à + inf】 Il s'oblige à lui parler, même si elle ne l'aime pas.

39) songer : …을 생각하다, 유념하다

- 그는 여행하는 동안 자기 고양이를 생각한다.
【동사구문: V + à qch (qn)】Il songe à son chat pendant le voyage.

- 나는 내년에 내 나라를 떠날 생각이다.
【동사구문: V + à + inf】Je songe à quitter mon pays l'année prochaine.

2. 2군 동사 변화 및 동사 구문

동사 어미가 -ir로 끝나는 동사들 중에서 규칙적으로 어미변화를 하는 동사를 2군 동사라 한다. 동사 변화는 아래 choisir 동사표와 같이 규칙적으로 변화한다.

choisir

직설법			명령법	현재분사	과거분사
현재	반과거	미래			
(je)choisis (tu)choisis (il)choisit (nous)choisissons (vous)choisissez (ils)choisissent	(je)choisissais (tu)choisissais (il)choisissait (nous)choisissions (vous)choisissiez (ils)choisissaient	(je)choisirai (tu)choisiras (il)choisira (nous)choisirons (vous)choisirez (ils)choisiront	(tu)choisis (nous)choisissons (vous)choisissez	choisissant	choisi

1) choisir : 고르다, 선택하다, 결정하다

- 그는 여자 친구에게 줄 선물을 고른다.
【동사구문: V + qch (qn)】 Il choisit un cadeau pour son amie.

- 그녀는 이 치마를 사기로 결정한다.
【동사구문: V + de + inf】 Elle choisit d'acheter cette jupe.

2) agir : 행동하다, 문제되다, …하는 것이 중요하다

- 그는 선생님에게 무례하게 행동한다.
【동사구문: V + 양태 + avec + qn】 Il agit mal avec son professeur.

- (그것은) 너의 태도와 관련된 일이다.
【동사구문: Il s'agit de + qch (qn)】 Il s'agit de ton attitude.

- 9시 전에 내 숙제를 끝내야만 한다.
【동사구문: Il s'agit de + inf】 Il s'agit de finir mes devoirs avant 9 heures.

3) finir : 끝내다

- 공연은 자정 무렵에 끝날 것이다.
【동사구문: V ~】 Le spectacle finira vers minuit.

- 우리는 빵을 다 먹었다.
【동사구문: V + qch】 Nous avons fini nos pains.

- 내가 집에 들어갔을 때 엄마는 저녁식사를 끝내고 있었다.
【동사구문: V + de + inf】 Ma mère finissait de dîner quand je suis entré chez moi.

- 그는 마침내 나의 제안을 받아들였다.
【동사구문: V + par + inf】 Il a fini par accepter ma proposition.

4) obéir : …에 복종하다, …을 따르다

- 나는 항상 부모님에게 순종한다.
【동사구문: V + à qn (qch)】 J'obéis toujours à mes parents.

5) réfléchir : 심사숙고하다, 검토하다, (깊이 생각한 끝에 ~라고) 생각[판단]하다

- 그들은 말하기 전에 깊이 생각한다.
【동사구문: V ~】 Ils réfléchissent avant de parler.

- 우리는 이 문제를 검토한다.
【동사구문: V + à (sur) + qch】 Nous réfléchissons à cette question.

- 나는 내가 하는 일에 관해 깊이 생각해본다.
【동사구문: V + à + qch】 Je réfléchis à ce que je fais.

6) réussir : 출세하다, 좋은 결과를 얻다, 성공하다,

- 그는 출세하였다.
【동사구문: V ~】 Il a réussi dans la vie.

- 나는 운전면허 시험에 합격했다.
【동사구문: V + qch】 J'ai réussi l'examen du permis de conduire.

- 그들은 이 팀을 물리치는데 성공했다.
【동사구문: V + à + inf】 Ils ont réussi à battre cette équipe.

■ 이 식이요법은 너에게 별 도움이 되지 않는다.
【동사구문: V + à qn】 Ce régime ne te réussit pas.

7) grandir : 자라다, (사람이) 더욱 …해지다,

■ 내 동생은 일 년 동안 키가 6센티미터 컸다.
【동사구문: V ~】 Mon frère a grandi de six centimètres en un an.

■ 그녀는 더욱 아름다워진다.
【동사구문: V + en + qch】 Elle grandit en beauté.

3. 3군 불규칙 동사 변화 및 동사 구문

3군 불규칙 동사들은 어미의 변화가 불규칙하고, 어간 역시 원형과 달라지는 경우가 많으므로 규칙 동사들과 일괄해서 직설법 현재형을 암기할 수는 없다. 그러나 불규칙 동사들도 전체가 제각기 다른 변화형을 가지고 있는 것이 아니라, 어느 정도 비슷한 변화를 하는 동사들로 구분해 볼 수 있다.

▶ ouvrir 형 (동사원형의 어미는 -ir로 끝나지만 변화는 1군 규칙동사 변화와 같음). 동일 동사변화형은 couvrir, cueillir, découvrir, offrir, ouvrir, souffrir 등이 있다.

je	-e	nous	-ons
tu	-es	Vous	-ez
il/elle	-e	ils/elles	-ent

▶ 어미가 s, s, t, ons, ez, ent로 되는 동사들. 동일 동사변화형은 sortir, partir, sentir, servir, dormir, mettre, permettre, écrire, décrire, conduire, produire, venir, devenir, revenir, tenir, voir, devoir, recevoir, revoir, lire, interdire, connaître, savoir, croire, boire 등이 있다.

je	-s	nous	-ons
tu	-s	Vous	-ez
il/elle	-t	ils/elles	-ent

▶ 어미 변화가 s, s, d/t, ons, ez, ent로 되는 동사들. 동일 동사변화형은 apprendre, comprendre, attendre, rendre, descendre, vendre, entendre, prendre, répondre, surprendre, mettre, permettre, promettre 등이 있다.

je	-s	nous	-ons
tu	-s	Vous	-ez
il/elle	-d/t	ils/elles	-ent

▶ 어미 변화가 x, x, t, ons, -ez, ent로 되는 동사들. 동일 동사변화형은 pouvoir, vouloir, valoir 등이 있다.

je	-x	nous	-ons
tu	-x	Vous	-ez
il/elle	-t	ils/elles	-ent

aller

직설법			명령법	현재분사	과거분사
현재	반과거	미래			
(j')vais (tu)vas (il)va (nous)allons (vous)allez (ils)vont	(j')allais (tu)allais (il)allait (nous)allions (vous)alliez (ils)allaient	(j')irai (tu)iras (il)ira (nous)irons (vous)irez (ils)iront	(tu)va (nous)allons (vous)allez	allant	allé

1) aller : 가다, 어울리다, 곧… 할 것이다

- 그는 일요일 마다 교회에 간다.
【동사구문 : aller + 장소】 Il va à l'église le dimanche.

- 나는 슬플 때 자주 거기에 간다.
【동사구문 : V + adv】 Je vais souvent là -bas, quand je suis triste.

- 이 넥타이는 정말로 너에게 잘 어울린다.
【동사구문 : V + avd + à qn】 Cette cravate te va vraiment bien.

- 그녀는 내일 시장 볼 것이다.
【동사구문 : V + inf】 Elle va faire les courses demain.

- 그는 시장에 갈 것이다.
【동사구문 : s'en aller】 Il va s'en aller au marché.

apercevoir

직설법			명령법	현재분사	과거분사
현재	반과거	미래			
(j')aperçois (tu)aperçois (il)aperçoit (nous)apercevons (vous)apercevez (ils)aperçoivent	(j')apercevais (tu)apercevais (il)apercevait (nous)apercevions (vous)aperceviez (ils)apercevaient	(j')apercevrai (tu)apercevras (il)apercevra (nous)apercevrons (vous)apercevrez (ils)apercevront	(tu)aperçois (nous)apercevons (vous)apercevez	apercevant	aperçu

2) apercevoir : 언뜻 보다, 알아차리다

- 우리는 멀리 있는 산을 본다.
【동사구문 : V + qch (qn)】 Nous apercevons la montagne au loin.

■ 그는 자기 우산을 도서관에 놔두고 왔다는 것을 알아차린다.
【동사구문 : se ~ que + ind】 Il s'aperçoit qu'il a laissé son parapluie à la bibliothèque.

■ 그는 자신의 실수를 깨닫는다.
【동사구문 : se ~ + de + qch】 Il s'aperçoit de son erreur.

appartenir

직설법			명령법	현재분사	과거분사
현재	반과거	미래			
(je)appartiens (tu)appartiens (il)appartient (nous)appartenons (vous)appartenez (ils)appartiennent	(je)appartenais (tu)appartenais (il)appartenait (nous)appartenions (vous)apparteniez (ils)appartenaient	(je)appartiendrai (tu)appartiendras (il)appartiendra (nous)appartiendrons (vous)appartiendrez (ils)appartiendront	(tu)appartiens (nous)appartenons (vous)appartenez	appartenant	appartenu

3) appartenir : …의 것이다, …에 소속하다, …하는 것은 …의 일[의무, 권한]이다

■ 이 집은 나의 것이다.
【동사구문 : V + à + qn】 Cette maison m'appartient.

■ 그 아이는 이 축구팀에 소속되어 있다.
【동사구문 : V + à + qch】 Cet enfant appartient à cette équipe de football.

■ 자녀를 양육하는 것은 부모의 의무이다.
【동사구문 : il appartient + à qn + de + inf】 Il appartient aux parents d'élever leurs enfants.

apprendre

직설법			명령법	현재분사	과거분사
현재	반과거	미래			
(j')apprends (tu)apprends (il)apprend (nous)apprenons (vous)apprenez (ils)apprennent	(j')apprenais (tu)apprenais (il)apprenait (nous)apprenions (vous)appreniez (ils)apprenaient	(j')apprendrai (tu)apprendras (il)apprendra (nous)apprendrons (vous)apprendrez (ils)apprendront	(tu)apprends (nous)apprenons (vous)apprenez	apprenant	appris

4) apprendre : 배우다, 가르치다, 알다

■ 그는 일주일에 두 번 한국어를 배운다.
【동사구문 : V + qch】 Il apprend le coréen deux fois par semaine.

■ 나는 할아버지가 아프다는 것을 알게 되었습니다.
【동사구문 : V + que + ind】 J'apprends que mon grand-père est malade.

■ 그녀는 프랑스어를 자기 학생들에게 가르친다.
【동사구문 : V + qch + à qn】 Elle apprend le français à ses étudiants.

■ 나는 내가 시험에 합격했다는 것을 부모님에게 알린다.
【동사구문 : V + à qn + que + ind】 J'apprends à mes parents que j'ai réussi mes examens.

■ 그는 케익 만드는 것을 배운다.
【동사구문 : V + à + inf】 Il apprend à faire des gâteaux.

■ 나는 내 학생들에게 춤추는 것을 가르친다.
【동사구문 : V + à qn + à + inf】 J'apprends à mes étudiants à danser.

s'asseoir

직설법			명령법	현재분사	과거분사
현재	반과거	미래			
(j')assieds, assois (tu)assieds, assois (il)assied, assoit (nous)asseyons, assoyons (vous)asseyez, assoyez (ils)asseyent, assoient	(j')asseyais, assoyais (tu)asseyais, assoyais (il)asseyait, assoyait (nous)asseyions, assoyions (vous)asseyiez, assoyiez, (ils)asseyaient, assoyaient	(j')assiérai, asseyerai, assoirai (tu)assiéras, asseyeras, assoiras (il)assiéra, asseyera, assoira (nous)assiérons, asseyerons, assoirons (vous)assiérez, asseyerez, assoirez (ils)assiéront, asseyeront, assoiront	(tu)assieds, assois (vous)asseyons, assoyons (nous)asseyez, assoyez	asseyant, assoyant	assis

5) asseoir : 앉히다, 앉다, 자리 잡다

■ 나는 내 아이를 의자에 앉힌다.
【동사구문 : V + qn】 J'assieds mon enfant sur une chaise.

■ 나의 아버지는 땅바닥에 앉는다.
【동사구문 : se ~】 Mon père s'assoit par terre.

attendre

직설법			명령법	현재분사	과거분사
현재	반과거	미래			
(j')attends (tu)attends (il)attend (nous)attendons (vous)attendez (ils)attendent	(j')attendais (tu)attendais (il)attendait (nous)attendions (vous)attendiez (ils)attendaient	(j')attendrai (tu)attendras (il)attendra (nous)attendrons (vous)attendrez (ils)attendront	(tu)attends (nous)attendons (vous)attendez	attendant	attendu

6) attendre : 기다리다, 예상하다, …을 애타게 기다리다, …을 필요로 하다

- 나는 한 시간 전부터 영화관에서 친구를 기다린다.
  【동사구문 : V + qn (qch)】 J'attends mon amie depuis une heure au cinéma.

- 그는 그러한 대접을 예상하지 못했다.
  【동사구문 : V + qch】 Il n'attendait pas un tel accueil.

- 당신을 기다린 지 오래 되었다.
  【동사구문 : V + après + qn】 Il y a longtemps qu'on attend après vous.

- 나는 당신의 사랑이 필요하다.
  【동사구문 : V + après + qch】 J'attends après votre amour.

- 그는 네가 오는 것을 기다린다.
  【동사구문 : V + que + subj】 Il attend que tu viennes.

- 그는 유명한 배우가 될 때까지 기다린다.
  【동사구문 : V + de + inf】 Il attend de devenir un acteur célèbre.

avoir

직설법			명령법	현재분사	과거분사
현재	반과거	미래			
(j')ai (tu)as (il)a (nous)avons (vous)avez (ils)ont	(j')avais (tu)avais (il)avait (nous)avions (vous)aviez (ils)avaient	(j')aurai (tu)auras (il)aura (nous)aurons (vous)aurez (ils)auront	(tu)aie (nous)ayons (vous)ayez	ayant	eu

7) avoir : 가지다, …해야 한다. …할 …가 있다, …하기만 하면 된다

- 나는 폴에 대해 우정을 느끼고 있다.
【동사구문 : V + de l'amitié pour qn】 J'ai de l'amitié pour Paul.

- 그는 감기가 들었다.
【동사구문 : V + qch】 Il a un rhume.

- 이 아파트는 방이 세 개이다. (부속)
【동사구문 : V + qch】 Cet appartement a trois pièces.

- 내 여자친구는 금발이다. (신체 · 정서적 특징)
【동사구문 : V + qch】 Ma copine a les cheveux blonds.

- 나는 술을 마시면 양 볼이 새빨개진다.
【동사구문 : V + qch】 Quand je bois de l'alcool, j'ai les joues toutes rouges.

- 이 책상은 길이가 2미터이다. (수량 · 치수 · 연령)
【동사구문 : V + qch】 Cette table a une longueur de deux mètres.

- 나는 두 시간 전부터 배가 고프다.
【동사구문 : V + 무관사명사】 J'ai faim depuis deux heures.

- 그에게는 수리해야 할 자동차가 있다.
【동사구문 : V + qch + à + inf】 Il a une voiture à réparer.

- 나는 열쇠를 찾아야만 한다.
【동사구문 : V + à + inf】 J'ai à chercher une clé.

- 네가 불만이라면 떠나는 수밖에 없다.
【동사구문 : n'avoir qu'à + inf】 Tu n'as qu'à partir si tu n'es pas content.

battre

직설법			명령법	현재분사	과거분사
현재	반과거	미래			
(je)bats (tu)bats (il)bat (nous)battons (vous)battez (ils)battent	(je)battais (tu)battais (il)battait (nous)battions (vous)battiez (ils)battaient	(je)battrai (tu)battras (il)battra (nous)battrons (vous)battrez (ils)battront	(tu)bats (nous)battons (vous)battez	battant	battu

8) battre : 때리다, 치다, (비 · 바람이) …을 후려치다, 서로 다투다

■ 나의 가슴이 아주 빨리 고동친다.
【동사구문: V ~】 Mon coeur bat très vite.

■ 그는 자기 친구를 때린다.
【동사구문: V + qn (qch)】 Il bat son ami.

■ 그는 북을 친다.
【동사구문: V + de + qch】 Il bat du tambour.

■ 비가 창에 후려친다.
【동사구문: V + contre + qch】 La pluie bat contre la vitre.

■ 그는 그 자리를 차지하려고 경쟁자와 다퉜다.
【동사구문: se ~ + contre (avec) + qn】 Il s'est battu contre son rival pour obtenir le poste.

boire

직설법			명령법	현재분사	과거분사
현재	반과거	미래			
(je)bois (tu)bois (il)boit (nous)buvons (vous)buvez (ils)boivent	(je)buvais (tu)buvais (il)buvait (nous)buvions (vous)buviez (ils)buvaient	(je)boirai (tu)boiras (il)boira (nous)boirons (vous)boirez (ils)boiront	(tu)bois (nous)buvons (vous)buvez	buvant	bu

9) boire : 마시다

■ 나는 식사하면서 술을 마시지 않는다.
【동사구문 : V ~】 Je ne bois pas d'alcool en mangeant.

■ 그는 미네랄 워터만 마신다.
【동사구문 : V + qch】 Il ne boit que de l'eau minérale.

■ 나는 친구를 위해 축배를 든다.
【동사구문 : V + en l'honneur de qn】 Je bois en l'honneur de mon ami.

combattre

직설법			명령법	현재분사	과거분사
현재	반과거	미래			
(je)combats (tu)combats (il)combat (nous)combattons (vous)combattez (ils)combattent	(je)combattais (tu)combattais (il)combattait (nous)combattions (vous)combattiez (ils)combattaient	(je)combattrai (tu)combattras (il)combattra (nous)combattrons (vous)combattrez (ils)combattront	(tu)combats (nous)combattons (vous)combattez	combattant	combattu

10) combattre : …와 싸우다, 저항하다, ……에 맞서 싸우다

■ 나폴레옹은 적과 싸웠다.
【동사구문 : V + qn】 Napoléon a combattu l'ennemi.

■ 그는 피곤과 싸운다.
【동사구문 : V + qch】 Je combats la fatigue.

■ 거지는 추위와 싸우고 있다.
【동사구문 : V + contre (avec)】 Le clochard combat contre le froid.

■ 그는 자기 사장을 위해 투쟁한다.
【동사구문 : V + pour】 Il combat pour son patron.

comprendre

직설법			명령법	현재분사	과거분사
현재	반과거	미래			
(je)comprends (tu)comprends (il)comprend (nous)comprenons (vous)comprenez (ils)comprennent	(je)comprenais (tu)comprenais (il)comprenait (nous)comprenions (vous)compreniez (ils)comprenaient	(je)comprendrai (tu)comprendras (il)comprendra (nous)comprendrons (vous)comprendrez (ils)comprendront	(tu)comprends (nous)comprenons (vous)comprenez	comprenant	compris

11) comprendre : 이해하다, 알다

■ 너 이해했니 ?
【동사구문 : V ~】 Tu comprends ?

■ 그는 이 텍스트의 의미를 이해한다.
【동사구문 : V + qch】 Il comprend le sens de ce texte.

■ 그녀는 가끔 부모님을 이해하지 못한다.
【동사구문 : V + qn】 De temps en temps elle ne comprend pas ses parents.

■ 나는 그것을 해야만 한다는 것을 안다.
【동사구문 : V + que + ind】 Je comprends qu'il faudra le faire.

■ 그는 어떻게 네가 변호사가 되었는지 이해한다.
【동사구문 : V + comment + ind】 Il comprend comment tu es devenu avocat.

conduire

직설법			명령법	현재분사	과거분사
현재	반과거	미래			
(je)conduis (tu)conduis (il)conduit (nous)conduisons (vous)conduisez (ils)conduisent	(je)conduisais (tu)conduisais (il)conduisait (nous)conduisions (vous)conduisiez (ils)conduisaient	(je)conduirai (tu)conduiras (il)conduira (nous)conduirons (vous)conduirez (ils)conduiront	(tu)conduis (nous)conduisons (vous)conduisez	conduisant	conduit

12) conduire : 운전하다, (어떤 장소로) 데리고 가다, 추진하다, 처신을 잘[잘못]하다

■ 그는 운전을 잘한다.
【동사구문 : V ~】 Il conduit bien.

■ 그는 환자를 의사에게로 데리고 간다.
【동사구문 : V + qch + 장소】 Il conduit un malade chez le médecin.

■ 나는 이 계획을 추진한다.
【동사구문 : V + qch】 Je conduis ce projet.

■ 그녀는 처신을 잘못한다.
【동사구문 : se ~ + mal】 Elle se conduit mal.

connaître

직설법			명령법	현재분사	과거분사
현재	반과거	미래			
(je)connais (tu)connais (il)connaît (nous)connaissons (vous)connaissez (ils)connaissent	(je)connaissais (tu)connaissais (il)connaissait (nous)connaissions (vous)connaissiez (ils)connaissaient	(je)connaîtrai (tu)connaîtras (il)connaîtra (nous)connaîtrons (vous)connaîtrez (ils)connaîtront	(tu)connais (nous)connaissons (vous)connaissez	connaissant	connu

13) connaître : 알다, (에게) (이) 있음을 알다, 서로 알다

- 나는 그 기자를 모른다.
【동사구문 : V + qn】 Je ne connais pas ce journaliste.

- 그는 그 단어를 잘 안다.
【동사구문 : V + qch】 Il connait bien ce mot.

- 나는 그에게 친구가 여럿이 있는 줄 알고 있다
【동사구문 : V + qn + à qn】 Je lui connais plusieurs amis.

- 그들은 일년 전에 중국에서 서로 알게 되었다.
【동사구문 : se ~】 Ils se sont connus en Chine il y a un an.

construire

직설법			명령법	현재분사	과거분사
현 재	반과거	미 래			
(je)construis (tu)construis (il)construit (nous)construisons (vous)construisez (ils)construisent	(je)construisais (tu)construisais (il)construisait (nous)construisions (vous)construisiez (ils)construisaient	(je)construirai (tu)construiras (il)construira (nous)construirons (vous)construirez (ils)construiront	(tu)construis (nous)construisons (vous)construisez	construisant	construit

14) construire : 짓다, 구성하다

- 그는 조금씩 그의 삶을 설계한다.
【동사구문: V + qch】 Il construit sa vie petit à petit.

■ 그의 집은 천천히 지어지고 있다.
【동사구문: se ~】 Sa maison se construit lentement.

correspondre

직설법			명령법	현재분사	과거분사
현재	반과거	미래			
(je)corresponds (tu)corresponds (il)correspond (nous)correspondons (vous)correspondez (ils)correspondent	(je)correspondais (tu)correspondais (il)correspondait (nous)correspondions (vous)correspondiez (ils)correspondaient	(je)correspondrai (tu)correspondras (il)correspondra (nous)correspondrons (vous)correspondrez (ils)correspondront	(tu)corresponds (nous)correspondons (vous)correspondez	correspondant	correspondu

15) correspondre : …에 일치하다, 상응하다, …와 연락하다

■ 그것은 아무것에도 부합하지 않는다.
【동사구문 : V + à + qch】 Cela ne correspond à rien.

■ 이 프랑스어 표현은 영어 표현에 대응된다.
【동사구문 : V + à + qch】 Cette expression française correspond à ceci en anglais.

■ 그는 전화로 손님과 연락한다.
【동사구문 : V + avec + qn】 Il correspond avec son client par téléphone.

■ 그들은 3년 동안 편지로 연락을 했다.
【동사구문 : V ~】 Ils ont correspondu pendant trois années.

courir

직설법			명령법	현재분사	과거분사
현재	반과거	미래			
(je)cours (tu)cours (il)court (nous)courons (vous)courez (ils)courent	(je)courais (tu)courais (il)courait (nous)courions (vous)couriez (ils)couraient	(je)courrai (tu)courras (il)courra (nous)courrons (vous)courrez (ils)courront	(tu)cours (nous)courons (vous)courez	courant	couru

16) courir : 달리다, 뒤쫓다

- 소방관이 전속력으로 달린다.
【동사구문 : V ~】 Un pompier court à toute vitesse.

- 나는 급히 내 우편물을 찾으러 간다.
【동사구문 : V + inf】 Je cours chercher mon courrier.

- 사냥꾼이 멧돼지를 뒤쫓는다.
【동사구문 : V + qch】 Un chasseur court le sanglier.

croire

직설법			명령법	현재분사	과거분사
현재	반과거	미래			
(je)crois (tu)crois (il)croit (nous)croyons (vous)croyez (ils)croient	(je)croyais (tu)croyais (il)croyait (nous)croyions (vous)croyiez (ils)croyaient	(je)croirai (tu)croiras (il)croira (nous)croirons (vous)croirez (ils)croiront	(tu)crois (nous)croyons (vous)croyez	croyant	cru

17) croire : 믿다, …의 말을 믿다, 생각하다, 자신이 …라고 생각하다

- 나의 할머니는 내가 하는 말을 믿는다.
【동사구문 : V + qch】 Ma grand-mère croit ce que je lui dis.

- 나는 이 의사를 믿을 수 없다.
【동사구문 : V + qn】 Je ne peux pas croire ce médecin.

- 나는 내 친구들을 신뢰한다.
【동사구문 : V + à qn】 Je crois à mes amis.

- 우리 모두 정의를 믿는다.
【동사구문 : V + à + qch】 Nous croyons tous à la justice.

- 나는 하나님을 믿는다.
【동사구문 : V + en + qn】 Je crois en Dieu.

■ 나는 내 친구가 게으르다고 생각하다
【동사구문 : V + 속사】 Je crois mon ami paresseux.

■ 그녀는 그녀가 그 남자를 만나지 말아야 한다고 믿는다.
【동사구문 : V + que + ind】 Elle croit qu'elle ne doit pas rencontrer cet homme.

■ 나는 내가 엄마 생일 선물을 잘 선택했다고 생각한다.
【동사구문 : V + inf】 Je crois avoir bien choisi le cadeau d'anniversaire pour ma mère.

■ 나는 내가 소심하다고 생각한다.
【동사구문 : se ~ + 속사】 Je me crois timide.

défendre

직설법			명령법	현재분사	과거분사
현재	반과거	미래			
(je)défends (tu)défends (il)défend (nous)défendons (vous)défendez (ils)défendent	(je)défendais (tu)défendais (il)défendait (nous)défendions (vous)défendiez (ils)défendaient	(je)défendrai (tu)défendras (il)défendra (nous)défendrons (vous)défendrez (ils)défendront	(tu)défends (nous)défendons (vous)défendez	défendant	défendu

18) défendre : 지키다, 보호하다, 금지하다

■ 엄마는 자신의 아이를 보호한다.
【동사구문 : V + qn】 La mère défend son enfant.

■ 나는 내 친구의 견해를 옹호한다.
【동사구문 : V + qch】 Je défends les opinions de mon ami.

■ 이 숲은 농작물을 바람으로부터 보호해 준다.
【동사구문 : V + qch (qn) + contre (de)】 Ce bois défend les cultures contre le vent.

■ 나의 아버지는 내가 저녁에 친구들과 외출하는 것을 금한다.
【동사구문 : V + de + inf】 Mon père me défend de sortir avec mes amis le soir.

■ 그는 스스로 모든 쾌락을 금한다.
【동사구문 : se ~ + de + qch (inf)】 Il se défend de tout plaisir.

dépendre

직설법			명령법	현재분사	과거분사
현재	반과거	미래			
(je)dépends (tu)dépends (il)dépend (nous)dépendons (vous)dépendez (ils)dépendent	(je)dépendais (tu)dépendais (il)dépendait (nous)dépendions (vous)dépendiez (ils)dépendaient	(je)dépendrai (tu)dépendras (il)dépendra (nous)dépendrons (vous)dépendrez (ils)dépendront	(tu)dépends (nous)dépendons (vous)dépendez	dépendant	dépendu

19) dépendre : …에 달려있다, 좌우되다

- 선택권은 우리에게 있다.
【동사구문 : V + de + qn】 Le choix dépend de nous.

- 그것은 상황 나름이다.
【동사구문 : V + de + qch】 Cela dépend des circonstances.

descendre

직설법			명령법	현재분사	과거분사
현재	반과거	미래			
(je)descends (tu)descends (il)descend (nous)descendons (vous)descendez (ils)descendent	(je)descendais (tu)descendais (il)descendait (nous)descendions (vous)descendiez (ils)descendaient	(je)descendrai (tu)descendras (il)descendra (nous)descendrons (vous)descendrez (ils)descendront	(tu)descends (nous)descendons (vous)descendez	descendant	descendu

20) descendre : 내려가다, 내리다, …의 후손이다, 투숙하다

- 나는 승강기로 내려간다.
【동사구문 : V ~】 Je descends par l'ascenseur.

- 나는 말에서 내려온다.
【동사구문 : V + de + qch】 Je descends du cheval.

- 그는 정말로 자기 아버지의 후손이다.
【동사구문 : V + de + qn】 Il descend vraiment de son père.

- 그녀는 체류기간 동안 호텔에 투숙한다.
【동사구문 : V + 장소】 Elle descend à l'hôtel pendant le séjour.

- 그녀는 뛰어서 계단을 내려갔다.
【동사구문 : V + qch】 Elle a descendu l'escalier en courant.

- 그는 기차에서 자기 가방을 내린다.
【동사구문 : V + qch】 Il descend sa valise du train.

devenir

직설법			명령법	현재분사	과거분사
현재	반과거	미래			
(je)deviens (tu)deviens (il)devient (nous)devenons (vous)devenez (ils)deviennent	(je)devenais (tu)devenais (il)devenait (nous)devenions (vous)deveniez (ils)devenaient	(je)deviendrai (tu)deviendras (il)deviendra (nous)deviendrons (vous)deviendrez (ils)deviendront	(tu)deviens (nous)devenons (vous)devenez	devenant	devenu

21) devenir : …이 되다, (비인칭 구문) …하는 것은 …이 되다

- 그는 현명해지고 진지해졌다.
【동사구문 : V + adj】 Tu deviens sage et sérieux.

- 이 문제들에 대한 해결책을 찾아내는 것이 시급해지고 있다.
【동사구문 : Il devient + adj + de + (que + ind) + ind】 Il devient urgent de trouver une solution à ces questions.

devoir

직설법			명령법	현재분사	과거분사
현재	반과거	미래			
(je)dois (tu)dois (il)doit (nous)devons (vous)devez (ils)doivent	(je)devais (tu)devais (il)devait (nous)devions (vous)deviez (ils)devaient	(je)devrai (tu)devras (il)devra (nous)devrons (vous)devrez (ils)devront	(tu)dois (nous)devons (vous)devez	devant	dû

22) devoir : …해야한다, (금지) …하지 말아야 한다, 빚지고 있다, …할 의무가 있다

■ 그녀는 내일 전에 그 일을 끝마쳐야 한다.
【동사구문 : V + inf】 Elle doit terminer ce travail avant demain.

■ 나는 일주일 동안 술을 마시지 말아야 한다.
【동사구문 : ne pas devoir + inf】 Je ne dois pas boire d'alcool pendant une semaine.

■ 그는 내게 백 유로의 빚이 있다.
【동사구문 : V + qch + à qn】 Il me doit cent euros.

■ 나는 그에게 미리 알려야 할 의무가 있다.
【동사구문 : se ~ + de + inf】 Je me dois de le prévenir.

dire

직설법			명령법	현재분사	과거분사
현재	반과거	미래			
(je)dis (tu)dis (il)dit (nous)disons (vous)dites (ils)disent	(je)disais (tu)disais (il)disait (nous)disions (vous)disiez (ils)disaient	(je)dirai (tu)diras (il)dira (nous)dirons (vous)direz (ils)diront	(tu)dis (nous)disons (vous)dites	disant	dit

23) dire : 말하다, 명령하다, 속으로 말하다, 생각하다

■ 나는 내가 생각한 것을 말한다.
【동사구문 : V + qch】 Je dis ce que je pense.

■ 엄마는 6시에 저녁식사를 준비해야 한다고 말한다.
【동사구문 : V + que + ind】 Ma mère dit qu'il faut préparer le dîner à 6 heures.

■ 나는 내 여동생에게 설거지를 해야 한다고 말한다.
【동사구문 : V + à qn + que + ind】 Je dis à ma soeur qu'il faut faire la vaisselle.

■ 그는 나에게 그 일을 빨리 끝내라고 말한다.
【동사구문 : V + à qn + de + inf】 Il me dit de finir vite ce travail.

■ 그는 피곤하다고 말했다.
【동사구문 : V + inf】 Il a dit être fatigué.

■ 그는 자기 근심거리에 대해 내게 아무 말도 안했다.
【동사구문 : V + qch + de + qch (qn)】 Il ne m'a dit rien de son souci.

■ 그는 자기가 옳았다고 생각한다.
【동사구문 : se ~ + que + ind】 Il se dit qu'il avait raison.

dormir

직설법			명령법	현재분사	과거분사
현재	반과거	미래			
(je)dors (tu)dors (il)dort (nous)dormons (vous)dormez (ils)dorment	(je)dormais (tu)dormais (il)dormait (nous)dormions (vous)dormiez (ils)dormaient	(je)dormirai (tu)dormiras (il)dormira (nous)dormirons (vous)dormirez (ils)dormiront	(tu)dors (nous)dormons (vous)dormez	dormant	dormi

24) dormir : 자다, 잠들다

■ 아기가 자기 엄마의 품속에서 잠을 잔다.
【동사구문: V ~】 Le bébé dort dans les bras de sa maman.

écrire

직설법			명령법	현재분사	과거분사
현재	반과거	미래			
(j')écris (tu)écris (il)écrit (nous)écrivons (vous)écrivez (ils)écrivent	(j')écrivais (tu)écrivais (il)écrivait (nous)écrivions (vous)écriviez (ils)écrivaient	(j')écrirai (tu)écriras (il)écrira (nous)écrirons (vous)écrirez (ils)écriront	(tu)écris (nous)écrivons (vous)écrivez	écrivant	écrit

25) écrire : 쓰다

■ 나의 할머니는 지금 글을 배운다.
【동사구문 : V ~】 Ma grand-mère apprend à écrire.

■ 그녀는 매일 저녁 일기를 쓴다.
【동사구문 : V + qch】 Elle écrit son journal tous les soirs.

■ 그는 자기 부인에게 한 달에 한번 편지를 쓴다.
【동사구문 : V + à qn】 Il écrit à sa femme une fois par mois.

■ 그는 여자 친구에게 시를 쓴다.
【동사구문 : V + qch + à qn】 Il écrit un poème à sa copine.

■ 나는 프랑스에서 바캉스를 잘 보내고 있다고 어머니에게 편지를 쓴다.
【동사구문 : V + à qn + que + ind】 J'écris à ma mère que mes vacances se passent bien en France.

■ 나는 엄마에게 돈을 보내달라고 편지로 부탁했다.
【동사구문 : V + à qn + de + inf】 J'ai écrit à ma mère de m'envoyer de l'argent.

entendre

직설법			명령법	현재분사	과거분사
현재	반과거	미래			
(j')entends (tu)entends (il)entend (nous)entendons (vous)entendez (ils)entendent	(j')entendais (tu)entendais (il)entendait (nous)entendions (vous)entendiez (ils)entendaient	(j')entendrai (tu)entendras (il)entendra (nous)entendrons (vous)entendrez (ils)entendront	(tu)entends (nous)entendons (vous)entendez	entendant	entendu

26) entendre : 들리다, 듣다, 이해하다

■ 당신의 목소리가 들리지 않습니다. 더 크게 말해보세요.
【동사구문 : V + qn】 Je ne vous entends pas bien. Parlez plus fort.

■ 나는 어제 강연을 들으러 갔다.
【동사구문 : V + qch】 Je suis allée entendre une conférence hier.

■ 나는 아이들이 노래하는 것을 듣는다.
【동사구문 : V + qn + inf】 J'entends les enfants chanter.

entretenir

직설법			명령법	현재분사	과거분사
현재	반과거	미래			
(j')entretiens (tu)entretiens (il)entretient (nous)entretenons (vous)entretenez (ils)entretiennent	(j')entretenais (tu)entretenais (il)entretenait (nous)entretenions (vous)entreteniez (ils)entretenaient	(j')entretiendrai (tu)entretiendras (il)entretiendra (nous)entretiendrons (vous)entretiendrez (ils)entretiendront	(tu)entretiens (nous)entretenons (vous)entretenez	entretenant	entretenu

27) entretenir : (좋은 상태, 같은 상태로) 유지하다, 부양하다, (…와 …에 대해) 말하다, (좋은 상태로) 자기를 유지하다

- 할아버지는 오래된 가구들을 잘 보존하신다.
  【동사구문 : V + qch】 Mon grand-père entretient très bien les meubles anciens.

- 그는 10년 전부터 자기 가족을 부양한다.
  【동사구문 : V + qn】 Il entretient sa famille depuis 10 ans.

- 나는 바캉스 계획에 대해 어머니에게 이야기한다.
  【동사구문 : V + qn + sur (de) + qch】 J'entretiens ma mère sur mes projets de vacances.

- 나는 체력을 유지하기 위해 매일 운동을 한다.
  【동사구문 : se ~】 Je fais du sport tous les jours pour m'entretenir.

être

직설법			명령법	현재분사	과거분사
현재	반과거	미래			
(je)suis (tu)es (il)est (nous)sommes (vous)êtes (ils)sont	(j')étais (tu)étais (il)était (nous)étions (vous)étiez (ils)étaient	(je)serai (tu)seras (il)sera (nous)serons (vous)serez (ils)seront	(tu)sois (nous)soyons (vous)soyez	étant	été

28) être : 있다, …이다, …의 것이다, …하고 있는 중이다, …해야 하다

- 그들은 행복해한다.
  【동사구문 : V + adj】 Ils sont heureux.

■ 폴은 나의 가장 좋은 친구이다.
【동사구문 : V + qn (qch)】 Paul est mon meilleur ami.

■ 이 연필은 너의 것이다.
【동사구문 : V + à qn】 Ce crayon est à toi.

■ 지금 나는 친구와 함께 역에 있다.
【동사구문 : V + 장소】 En ce moment, je suis à la gare avec mon ami.

■ 지금 시간은 3시 5분이다.
【동사구문 : V + 시간】 Il est trois heures cinq.

■ 그녀는 파리 출신이다. (출신)
【동사구문 : V + de】 Elle est de Paris.

■ 나의 어머니는 지금 일을 하고 있다. (종사 · 진행)
【동사구문 : V + à + qch】 En ce moment ma mère est à son travail.

■ 전부 다시 해야만 한다. (필요 · 의무 · 목적)
【동사구문 : V + à】 Tout est à refaire.

■ 내 시계는 금으로 되어 있다. (재료)
【동사구문 : V + en】 Ma montre est en or.

■ 그녀는 늘 흰 옷을 입고 있다. (옷차림)
【동사구문 : V + en】 Elle est toujours en blanc.

■ 나는 당신의 의견에 반대한다.
【동사구문 : V + contre】 Je suis contre votre avis.

■ 나는 5년 전부터 출판사에서 일하고 있다
【동사구문 : V + dans】 Je suis dans l'édition dupuis 5 ans.

■ 이 꽃은 너를 위한 것이다. (목적 · 대상)
【동사구문 : V + pour + qn (qch)】 Cette fleur est pour toi.

falloir

직설법			명령법	현재분사	과거분사
현재	반과거	미래			
(il)faut	(il)fallait	(il)faudra			fallu

29) falloir : …해야 하다, 필요하다

- 내일 날씨가 화창해야만 한다.
【동사구문 : Il faut que + sub】 Il faut qu'il fasse beau demain.

- 우리 친구들을 모아야만 한다.
【동사구문 : Il faut + inf】 Il faut réunir nos amis.

- 당신에게 필요한 가방이 여기 있다.
【동사구문 : Il faut + qch + à qn】 Voilà le sac qu'il vous faut.

- 나는 이 일을 하기 위해서 일꾼 두 사람이 필요하다.
【동사구문 : Il faut + qn (qch) + à qn + pour + qch】 Il me faut deux ouvriers pour ce travail.

interdire

직설법			명령법	현재분사	과거분사
현재	반과거	미래			
(j')interdis (tu)interdis (il)interdit (nous)interdisons (vous)interdisez (ils)interdisent	(j')interdisais (tu)interdisais (il)interdisait (nous)interdisions (vous)interdisiez (ils)interdisaient	(j')interdirai (tu)interdiras (il)interdira (nous)interdirons (vous)interdirez (ils)interdiront	(tu)interdis (nous)interdisons (vous)interdisez	interdisant	interdit

30) interdire : 금하다, 금지하다

- 나의 선생님은 교실에서 카드놀이를 금지한다.
【동사구문 : V + qch】 Mon professeur interdit les jeux de cartes en classe.

- 의사는 환자에게 외출을 금지한다.
【동사구문 : V + qch + à qn】 Le médecin interdit les sorties au malade.

■ 학교장은 학생들에게 담배피는 것을 금지한다.
【동사구문 : V + à qn + de + inf】 Le directeur interdit aux élèves de fumer.

introduire

직설법			명령법	현재분사	과거분사
현재	반과거	미래			
(j')introduis (tu)introduis (il)introduit (nous)introduisons (vous)introduisez (ils)introduisent	(j')introduisais (tu)introduisais (il)introduisait (nous)introduisions (vous)introduisiez (ils)introduisaient	(j')introduirai (tu)introduiras (il)introduira (nous)introduirons (vous)introduirez (ils)introduiront	(tu)introduis (nous)introduisons (vous)introduisez	introduisant	introduit

31) introduire : 소개하다, 삽입하다, 침입하다

■ 비서는 신입사원을 사장실로 안내한다.
【동사구문 : V + qn】 Le secrétaire introduit le nouvel employé dans le bureau du patron.

■ 나는 열쇠를 자물쇠에 넣는다.
【동사구문 : V + qch】 J'introduis la clé dans la serrure.

■ 연기가 집 전체로 스며든다.
【동사구문 : s' ~】 La fumée s'introduit dans toute la maison.

lire

직설법			명령법	현재분사	과거분사
현재	반과거	미래			
(je)lis (tu)lis (il)lit (nous)lisons (vous)lisez (ils)lisent	(je)lisais (tu)lisais (il)lisait (nous)lisions (vous)lisiez (ils)lisaient	(je)lirai (tu)liras (il)lira (nous)lirons (vous)lirez (ils)liront	(tu)lis (nous)lisons (vous)lisez	lisant	lu

32) lire : 읽다

■ 나의 할머니는 매일 아침 신문을 읽는다.
【동사구문 : V + qch】 Ma grand-mère lit le journal tous les matins.

■ 나는 사장님이 임금을 올려준다는 것을 읽었다.

【동사구문 : V + que + ind】 J'ai lu que le patron remontait le niveau des salaires.

■ 엄마는 우리들에게 매일 저녁 동화를 읽어준다.

【동사구문 : V + qch + à qn】 Ma mère nous lit un conte tous les soirs.

mettre

직설법			명령법	현재분사	과거분사
현재	반과거	미래			
(je)mets (tu)mets (il)met (nous)mettons (vous)mettez (ils)mettent	(je)mettais (tu)mettais (il)mettait (nous)mettions (vous)mettiez (ils)mettaient	(je)mettrai (tu)mettras (il)mettra (nous)mettrons (vous)mettrez (ils)mettront	(tu)mets (nous)mettons (vous)mettez	mettant	mis

33) mettre : 입다, 넣다, 놓다, (시간을) 소비하다, 시작하다

■ 나의 아버지는 외출하기 위해 외투를 입는다.

【동사구문 : V + qch】 Mon père met son manteau pour sortir.

■ 내 남동생은 책들을 가방에 넣는다.

【동사구문 : V + qch (qn) + 장소】 Mon frère met les livres dans le sac.

■ 그녀는 이 일을 끝내는데 한 달이 걸렸다.

【동사구문 : V + qch + pour (à) + inf】 Elle a mis un mois pour finir ce travail.

■ 나는 고전무용을 시작한다.

【동사구문 : se ~ + à + qch】 Je me mets à la dance classique.

■ 나는 다음 달부터 운동을 시작한다.

【동사구문 : se ~ + à + inf】 Je me mets à faire du sport à partir du mois prochain.

■ 그녀는 드레스를 입는다.

【동사구문 : se ~ + en】 Elle se met en robe.

mourir

직설법			명령법	현재분사	과거분사
현재	반과거	미래			
(je)meurs (tu)meurs (il)meurt (nous)mourons (vous)mourez (ils)meurent	(je)mourais (tu)mourais (il)mourait (nous)mourions (vous)mouriez (ils)mouraient	(je)mourrai (tu)mourras (il)mourra (nous)mourrons (vous)mourrez (ils)mourront	(tu)meurs (nous)mourons (vous)mourez	mourant	mort

34) mourir : 죽다, …으로 죽을 지경이다

- 나의 아버지는 작년에 자동차 사고로 죽었다.
  【동사구문 : V ~】 L'année dernière mon père est mort dans un accident de voiture.

- 나는 배고파 죽을 지경이다.
  【동사구문 : V + de + qch】 Je meurs de faim.

- 나는 커피가 먹고 싶어 죽을 지경이다.
  【동사구문 : V + de + qch + de + inf】 Je meurs d'envie de prendre un café.

naître

직설법			명령법	현재분사	과거분사
현재	반과거	미래			
(je)nais (tu)nais (il)naît (nous)naissons (vous)naissez (ils)naissent	(je)naissais (tu)naissais (il)naissait (nous)naissions (vous)naissiez (ils)naissaient	(je)naîtrai (tu)naîtras (il)naîtra (nous)naîtrons (vous)naîtrez (ils)naîtront	(tu)nais (nous)naissons (vous)naissez	naissant	né

35) naître : 태어나다, 싹트다

- 나는 2월에 태어났다.
  【동사구문: V ~】 Je suis née en février.

- 아기 토끼들은 봄에 태어난다.
  【동사구문: V ~】 Les lapereaux naissent au printemps.

ouvrir

직설법			명령법	현재분사	과거분사
현재	반과거	미래			
(j')ouvre (tu)ouvres (il)ouvre (nous)ouvrons (vous)ouvrez (ils)ouvrent	(j')ouvrais (tu)ouvrais (il)ouvrait (nous)ouvrions (vous)ouvriez (ils)ouvraient	(j')ouvrirai (tu)ouvriras (il)ouvrira (nous)ouvrirons (vous)ouvrirez (ils)ouvriront	(tu)ouvre (nous)ouvrons (vous)ouvrez	ouvrant	ouvert

36) ouvrir : 열리다, 열다, (로) 통해 있다, 개점하다, 영업하다

- 이 가게는 12월에는 열지 않는다.
【동사구문 : V ~】 Ce magasin n'ouvre pas en décembre.

- 이 창문은 길가 쪽으로 나 있다.
【동사구문 : V + sur + qch】 Cette fenêtre ouvre sur la rue.

- 나는 지금 내 생일 선물들을 열어본다.
【동사구문 : V + qch】 Maintenant j'ouvre mes cadeaux d'anniversaire.

- 엄마는 9시에서 저녁 7시까지 영업을 한다.
【동사구문 : V + qch】 Ma mère ouvre sa boutique de 9 heures à 19 heures.

paraître

직설법			명령법	현재분사	과거분사
현재	반과거	미래			
(je)parais (tu)parais (il)paraît (nous)paraissons (vous)paraissez (ils)paraissent	(je)paraissais (tu)paraissais (il)paraissait (nous)paraissions (vous)paraissiez (ils)paraissaient	(je)paraîtrai (tu)paraîtras (il)paraîtra (nous)paraîtrons (vous)paraîtrez (ils)paraîtront	(tu)parais (nous)paraissons (vous)paraissez	paraissant	paru

37) paraître : (출판물 따위가) 나오다, …처럼 보이다, (비인칭)…인 것 같다

- 그의 새 소설이 나왔다.
【동사구문 : V ~】 Son nouveau roman est paru.

- 그녀는 피곤한 듯이 보인다.
【동사구문 : V + (à qn) + 속사】 Elle paraît fatiguée.

■ 내 딸은 졸린 것 같았다.
【동사구문 : V + (à qn) + inf】 Ma fille paraissait avoir sommeil.

■ 반드시 집을 지어야 할 것 같다.
【동사구문 : Il paraît + 속사 + (à qn) de + inf】 Il paraît nécessaire de bâtir une maison.

partir

직설법			명령법	현재분사	과거분사
현재	반과거	미래			
(je)pars (tu)pars (il)part (nous)partons (vous)partez (ils)partent	(je)partais (tu)partais (il)partait (nous)partions (vous)partiez (ils)partaient	(je)partirai (tu)partiras (il)partira (nous)partirons (vous)partirez (ils)partiront	(tu)pars (nous)partons (vous)partez	partant	parti

38) partir : 떠나다, 출발하다

■ 그들은 9시에 친구들과 떠난다.
【동사구문 : V ~】 Ils partent avec leurs amis à 9 heures.

■ 기차는 부산을 향해 떠난다.
【동사구문 : V + pour + 장소】 Le train part pour Busan.

■ 그는 영화관을 조금 전에 떠났다.
【동사구문 : V + de + 장소】 Il vient de partir du cinéma.

■ 나는 내 친구들을 역으로 맞이하러 간다.
【동사구문 : V + inf】 Je pars chercher mes amis à la gare.

perdre

직설법			명령법	현재분사	과거분사
현재	반과거	미래			
(je)perds (tu)perds (il)perd (nous)perdons (vous)perdez (ils)perdent	(je)perdais (tu)perdais (il)perdait (nous)perdions (vous)perdiez (ils)perdaient	(je)perdrai (tu)perdras (il)perdra (nous)perdrons (vous)perdrez (ils)perdront	(tu)perds (nous)perdons (vous)perdez	perdant	perdu

39) perdre : 잃다, 상실하다, 지다, 패하다, (주어는 사람) 길을 잃다

■ 나는 길에서 내 신용카드를 잃어버렸다.
【동사구문 : V + qch】 J'ai perdu ma carte de crédit dans la rue.

■ 우리는 사고로 할아버지를 잃었다.
【동사구문 : V + qn】 Nous avons perdu notre grand-père dans l'accident.

■ 내 동생은 게임에서 지기 싫어한다.
【동사구문 : V ~】 Mon frère n'aime pas perdre au jeu.

■ 나는 숲에서 길을 잃었다.
【동사구문 : se ~】 Je me suis perdu dans la forêt.

permettre

직설법			명령법	현재분사	과거분사
현재	반과거	미래			
(je)permets (tu)permets (il)permet (nous)permettons (vous)permettez (ils)permettent	(je)permettais (tu)permettais (il)permettait (nous)permettions (vous)permettiez (ils)permettaient	(je)permettrai (tu)permettras (il)permettra (nous)permettrons (vous)permettrez (ils)permettront	(tu)permets (nous)permettons (vous)permettez	permettant	permis

40) permettre : 허락하다, 승인하다

■ 의사는 10시부터 방문을 허락한다.
【동사구문 : V + qch】 Le médecin permet les visites à partir de 10 heures.

■ 내가 아이들에게 이런 여행을 허용하는 것은 불가능합니다.
【동사구문 : V + qch + à qn】 Il est impossible que je permette aux enfants un voyage comme celui-ci.

■ 나의 사장이 나에게 오늘 아침은 출근하지 않아도 된다고 했다.
【동사구문 : V + à qn + de + inf】 Mon patron m'a permis de ne pas venir travailler ce matin.

plaindre

직설법			명령법	현재분사	과거분사
현재	반과거	미래			
(je)plains (tu)plains (il)plaint (nous)plaignons (vous)plaignez (ils)plaignent	(je)plaignais (tu)plaignais (il)plaignait (nous)plaignions (vous)plaigniez (ils)plaignaient	(je)plaindrai (tu)plaindras (il)plaindra (nous)plaindrons (vous)plaindrez (ils)plaindront	(tu)plains (nous)plaignons (vous)plaignez	plaignant	plaint

41) plaindre : 불쌍히 여기다, 불평하다, 신음하다, 항의하다

- 나는 이 여자 간호사를 불쌍히 여긴다.
  【동사구문 : V + qn】 Je plains cette infirmière.

- 그녀는 고통으로 신음한다.
  【동사구문 : se ~ + de + qch】 Elle se plaint de douleur.

- 이 아이는 늘 자기 엄마를 불평한다.
  【동사구문 : se ~ + de + qn】 Cet enfant se plaint tout le temps de sa mère.

- 손님이 옷 판매원에게 항의한다.
  【동사구문 : se ~ + à qn】 Un client se plaint au vendeur de vêtements.

plaire

직설법			명령법	현재분사	과거분사
현재	반과거	미래			
(je)plais (tu)plais (il)plaît (nous)plaisons (vous)plaisez (ils)plaisent	(je)plaisais (tu)plaisais (il)plaisait (nous)plaisions (vous)plaisiez (ils)plaisaient	(je)plairai (tu)plairas (il)plaira (nous)plairons (vous)plairez (ils)plairont	(tu)plais (nous)plaisons (vous)plaisez	plaisant	plu

42) plaire : …의 마음에 들다, 좋아하다, 즐기다

- 이 아이는 전혀 내 마음에 들지 않는다. (주어는 사람)
  【동사구문 : V + à qn】 Ce garçon ne me plaît pas du tout.

■ 그 콘서트는 내 마음에 꼭 든다. (주어는 사물)
【동사구문 : V + à qn】 Ce concert me plaît beaucoup.

■ 그는 파스칼을 읽는 것을 좋아한다.
【동사구문 : se ~ + à + qch】 Il se plaît à la lecture de Pascal.

pleuvoir

직설법			명령법	현재분사	과거분사
현재	반과거	미래			
(je)/ (tu)/ (il)pleut (nous)/ (vous)/ (ils)pleuvent	(je)/ (tu)/ (il)pleuvait (nous)/ (vous)/ (ils)pleuvaient	(je)/ (tu)/ (il)pleuvra (nous)/ (vous)/ (ils)pleuvront		pleuvant	plu

43) pleuvoir : 비가 오다

■ 한국에서는 여름에 비가 많이 온다.
【동사구문: 비인칭】 Il pleut beaucoup en été en Corée.

pouvoir

직설법			명령법	현재분사	과거분사
현재	반과거	미래			
(je)peux, puis (tu)peux (il)peut (nous)pouvons (vous)pouvez (ils)peuvent	(je)pouvais (tu)pouvais (il)pouvait (nous)pouvions (vous)pouviez (ils)pouvaient	(je)pourrai (tu)pourras (il)pourra (nous)pourrons (vous)pourrez (ils)pourront		pouvant	pu

44) pouvoir : …할 수 있다, (비인칭) …일 수 있다, (의문문에서 조건법으로 쓰여 완곡한 명령 · 부탁)

■ 내 남편은 7시에 일어날 수 없다.
【동사구문 : V + inf】 Mon mari ne peut pas se lever à 7 heures.

■ 그것이 가능하다면, 나는 더 늦게 떠날지도 모른다.
【동사구문 : 비인칭】 Si cela se peut, je pars plus tard.

■ 내게 치즈 좀 가져다 주시겠습니까 ?
【동사구문 : V + inf】 Pourriez-vous m'apporter du fromage ?

prendre

직설법			명령법	현재분사	과거분사
현재	반과거	미래			
(je)prends (tu)prends (il)prend (nous)prenons (vous)prenez (ils)prennent	(je)prenais (tu)prenais (il)prenait (nous)prenions (vous)preniez (ils)prenaient	(je)prendrai (tu)prendras (il)prendra (nous)prendrons (vous)prendrez (ils)prendront	(tu)prends (nous)prenons (vous)prenez	prenant	pris

45) prendre : 잡다, 얻다, (소식 · 정보 따위를) 입수하다, (물건을) 사다, 먹다, (목욕을) 하다, (으로) 착각하다

■ 나는 사탕을 손으로 잡는다.
【동사구문 : V + qch】 Je prends des bonbons dans la main.

■ 그는 한 달간의 휴가를 얻었다.
【동사구문 : V + qch】 Il a pris un mois de congés.

■ 나는 내 친구에게서 소식을 듣는다.
【동사구문 : V + qch】 Je prends des nouvelles de mon ami.

■ 그녀는 서울 행 기차표 4장을 산다.
【동사구문 : V + qch】 Elle prend quatre billets de train pour Séoul.

■ 나의 할머니는 매일 아침 약을 복용한다.
【동사구문 : V + qch】 Ma grand-mère prend des médicaments tous les matins.

■ 내 아들은 목욕하는 것을 좋아하지 않는다.
【동사구문 : V + qch】 Mon fils n'aime pas prendre un bain.

■ 나는 학교에 가기 위해 7시에 지하철을 탄다.
【동사구문 : V + qch】 Je prends le métro à 7 heures pour aller à l'école.

■ 나는 이 사람을 선생님으로 착각하였다.
【동사구문 : V + qn + pour + qn】 J'ai pris cette personne pour un professeur.

prévenir

직설법			명령법	현재분사	과거분사
현재	반과거	미래			
(je)préviens (tu)préviens (il)prévient (nous)prévenons (vous)prévenez (ils)préviennent	(je)prévenais (tu)prévenais (il)prévenait (nous)prévenions (vous)préveniez (ils)prévenaient	(je)préviendrai (tu)préviendras (il)préviendra (nous)préviendrons (vous)préviendrez (ils)préviendront	(tu)préviens (nous)prévenons (vous)prévenez	prévenant	prévenu

46) prévenir : 알리다, 예고하다

- 그는 소방서에 신고한다.
  【동사구문 : V + qch】 Il prévient les pompiers.

- 이 표시판은 자동차 운전사에게 위험을 경고한다.
  【동사구문 : V + qn + de + qch】 Ce panneau prévient les automobilistes du danger.

- 그녀는 오늘 저녁 늦게 들어온다는 것을 그녀의 부모님에게 알린다.
  【동사구문 : V + qn + que + ind】 Elle prévient ses parents qu'elle rentrera tard ce soir.

prévoir

직설법			명령법	현재분사	과거분사
현재	반과거	미래			
(je)prévois (tu)prévois (il)prévoit (nous)prévoyons (vous)prévoyez (ils)prévoient	(je)prévoyais (tu)prévoyais (il)prévoyait (nous)prévoyions (vous)prévoyiez (ils)prévoyaient	(je)prévoirai (tu)prévoiras (il)prévoira (nous)prévoirons (vous)prévoirez (ils)prévoiront	(tu)prévois (nous)prévoyons (vous)prévoyez	prévoyant	prévu

47) prévoir : 예상하다, 예정하다

- 그는 이 시험의 결과를 예견한다.
  【동사구문 : V + qch】 Il prévoit le résultat de cet examen.

- 우리는 금리가 빠르게 상승할 것이라고 예상한다.
  【동사구문 : V + que + ind】 Nous prévoyons que le taux d'intérêt va rapidement augmenter.

produire

직설법			명령법	현재분사	과거분사
현재	반과거	미래			
(je)produis (tu)produis (il)produit (nous)produisons (vous)produisez (ils)produisent	(je)produisais (tu)produisais (il)produisait (nous)produisions (vous)produisiez (ils)produisaient	(je)produirai (tu)produiras (il)produira (nous)produirons (vous)produirez (ils)produiront	(tu)produis (nous)produisons (vous)produisez	produisant	produit

48) produire : (현상, 결과를) 야기하다, 일어나다, (작품 따위를) 쓰다, 생산하다

■ 이 기계는 연기를 일으킨다.
【동사구문 : V + qch】 Cet appareil peut produire de la fumée.

■ 그녀는 평생 한편의 비극만 썼다.
【동사구문 : V ~】 Elle a produit seulement une tragédie pendant toute sa vie.

■ 한국은 오래전부터 쌀과 보리를 생산한다.
【동사구문 : V + qch】 La Corée produit du riz et du blé depuis longtemps.

promettre

직설법			명령법	현재분사	과거분사
현재	반과거	미래			
(je)promets (tu)promets (il)promet (nous)promettons (vous)promettez (ils)promettent	(je)promettais (tu)promettais (il)promettait (nous)promettions (vous)promettiez (ils)promettaient	(je)promettrai (tu)promettras (il)promettra (nous)promettrons (vous)promettrez (ils)promettront	(tu)promets (nous)promettons (vous)promettez	promettant	promis

49) promettre : 약속하다

■ 선생님은 학생들에게 선물을 주겠다고 약속한다.
【동사구문 : V + qch + à qn】 Le professeur promet un cadeau aux étudiants.

■ 내 친구는 산책하기 전에 숙제를 끝마치겠다고 약속한다.
【동사구문 : V + de + inf】 Mon amie promet de finir ses devoirs avant de faire une promenade.

■ 그는 다시는 꽃을 꺾지 않겠다고 약속한다.
【동사구문 : V + que + ind】 Il promet qu'il ne cueillera plus de fleur.

recevoir

직설법			명령법	현재분사	과거분사
현재	반과거	미래			
(je)reçois (tu)reçois (il)reçoit (nous)recevons (vous)recevez (ils)reçoivent	(je)recevais (tu)recevais (il)recevait (nous)recevions (vous)receviez (ils)recevaient	(je)recevrai (tu)recevras (il)recevra (nous)recevrons (vous)recevrez (ils)recevront	(tu)reçois (nous)recevons (vous)recevez	recevant	reçu

50) recevoir : 받다, (사람을) 맞이하다, 접대하다

■ 이 의사는 목요일마다 10시에서 12시 까지 환자를 받는다.
【동사구문 : V + qn】 Ce médecin reçoit les patients de 10 heures à 12 heures le jeudi.

■ 나는 커다란 소포를 친구로부터 받았다.
【동사구문 : V + qch】 J'ai reçu un grand colis de mon ami.

■ 엄마는 자기 손님들을 집으로 맞이한다.
【동사구문 : V + qn】 Ma mère reçoit ses invités à la maison.

reconnaître

직설법			명령법	현재분사	과거분사
현재	반과거	미래			
(je)reconnais (tu)reconnais (il)reconnaît (nous)reconnaissons (vous)reconnaissez (ils)reconnaissent	(je)reconnaissais (tu)reconnaissais (il)reconnaissait (nous)reconnaissions (vous)reconnaissiez (ils)reconnaissaient	(je)reconnaîtrai (tu)reconnaîtras (il)reconnaîtra (nous)reconnaîtrons (vous)reconnaîtrez (ils)reconnaîtront	(tu)reconnais (nous)reconnaissons (vous)reconnaissez	reconnaissant	reconnu

51) reconnaître : 알아보다, 식별하다, 인정하다

■ 나는 이 장소를 기억해 낼 수 없다.
【동사구문 : V + qch (qn)】 Je n'arrive pas à reconnaître cet endroit.

■ 그 남자는 향으로 커피 종류를 알아낸다.
【동사구문 : V + qch (qn) + à + 소유형용사】 Cet homme reconnaît chaque café à son odeur.

■ 사람들은 마침내 그의 결백을 믿게 되었다.
【동사구문 : V + qch】 On a fini par reconnaître son innocence.

rendre

직설법			명령법	현재분사	과거분사
현재	반과거	미래			
(je)rends (tu)rends (il)rend (nous)rendons (vous)rendez (ils)rendent	(je)rendais (tu)rendais (il)rendait (nous)rendions (vous)rendiez (ils)rendaient	(je)rendrai (tu)rendras (il)rendra (nous)rendrons (vous)rendrez (ils)rendront	(tu)rends (nous)rendons (vous)rendez	rendant	rendu

52) rendre : 돌려주다, (목적보어의 속사와 더불어) …하게 만들다, 자신이 …이 되다, 가다

■ 나는 내 친구에게 빌린 돈을 돌려준다.
【동사구문 : V + qch + à qn】 Je rends l'argent que j'ai emprunté à mon ami.

■ 나는 나의 부모님들을 행복하게 만든다.
【동사구문 : V + qn (qch) + adj】 Je rends mes parents heureux.

■ 5년 내 그녀는 유명해질 것이다.
【동사구문 : se ~ + 속사】 Elle se rendra célèbre d'ici 5 ans.

■ 이 가족은 저녁식사를 마친 후 공원에 간다.
【동사구문 : se ~ + 장소】 Cette famille se rend au parc après le dîner.

53) répartir : 나누어 주다, 분산시키다

■ 코치는 선수들을 두 팀으로 나눈다.
【동사구문 : V + qch + en + qch】 L'entraineur répartit les joueurs en deux équipes.

■ 이 교사는 시탕을 아이들에게 똑같이 분배한다.
【동사구문 : V + qch + entre + qn】 L'instituteur répartit les bonbons entre les enfants.

répondre

직설법			명령법	현재분사	과거분사
현재	반과거	미래			
(je)réponds (tu)réponds (il)répond (nous)répondons (vous)répondez (ils)répondent	(je)répondais (tu)répondais (il)répondait (nous)répondions (vous)répondiez (ils)répondaient	(je)répondrai (tu)répondras (il)répondra (nous)répondrons (vous)répondrez (ils)répondront	(tu)réponds (nous)répondons (vous)répondez	répondant	répondu

54) répondre : 대답하다, (질문에 대한 답으로서) …하도록 하다

- 나는 답장을 쓰고 있는 중이다.
【동사구문 : V + à + qch (qn)】 Je suis en train de répondre à une lettre.

- 학생들은 선생님의 질문에 대답을 잘 한다.
【동사구문 : V + à + qch】 Les étudiants répondent bien à la question du professeur.

- 그녀는 거기에 갈 수 없다는 것을 나에게 답한다.
【동사구문 : V + à qn + que + ind】 Elle me répond qu'elle ne peut pas y aller.

- 그는 나에게 가능한 한 빨리 일을 끝내라고 말했다.
【동사구문 : V + à qn + de + inf】 Il m'a répondu de finir ce travail le plus vite possible.

rire

직설법			명령법	현재분사	과거분사
현재	반과거	미래			
(je)ris (tu)ris (il)rit (nous)rions (vous)riez (ils)rient	(je)riais (tu)riais (il)riait (nous)riions (vous)riiez (ils)riaient	(je)rirai (tu)riras (il)rira (nous)rirons (vous)rirez (ils)riront	(tu)ris (nous)rions (vous)riez	riant	ri

55) rire : 웃다, 비웃다, 우습게 여기다, 무시하다

- 그녀는 아무것도 아닌 일에 자주 웃는다.
【동사구문 : V ~】 Elle rit souvent pour un rien.

- 나는 이 상황을 비웃는다.
【동사구문 : V + de + qch (qn)】 Je ris de cette situation.

■ 그는 어려운 사정을 우습게 여긴다.
【동사구문 : se ~ + de + qch】 Il se rit des problèmes difficiles.

savoir

직설법			명령법	현재분사	과거분사
현재	반과거	미래			
(je)sais (tu)sais (il)sait (nous)savons (vous)savez (ils)savent	(je)savais (tu)savais (il)savait (nous)savions (vous)saviez (ils)savaient	(je)saurai (tu)sauras (il)saura (nous)saurons (vous)saurez (ils)sauront	(tu)sache (nous)sachons (vous)sachez	sachant	su

36) savoir : 알다, …할 줄 알다

■ 부모들은 아이들이 필요한 것을 우리보다 더 잘 알고 있다.
【동사구문 : V + qch】 Les parents savent mieux que nous les besoins des enfants.

■ 나는 내가 가진 단점들을 잘 안다.
【동사구문 : V + qch】 Je sais bien les défauts que j'ai.

■ 우리는 이 팀이 우승할 것이라는 것을 안다.
【동사구문 : V + que + ind】 Nous savons que cette équipe va gagner.

■ 나는 그녀가 영어를 잘 하는지 아닌지 모른다.
【동사구문 : V + si + ind】 Je ne sais pas si elle parle bien anglais ou pas.

■ 그는 축구를 할 줄 모른다.
【동사구문 : V + inf】 Il ne sait pas faire du football.

sentir

직설법			명령법	현재분사	과거분사
현재	반과거	미래			
(je)sens (tu)sens (il)sent (nous)sentons (vous)sentez (ils)sentent	(je)sentais (tu)sentais (il)sentait (nous)sentions (vous)sentiez (ils)sentaient	(je)sentirai (tu)sentiras (il)sentira (nous)sentirons (vous)sentirez (ils)sentiront	(tu)sens (nous)sentons (vous)sentez	sentant	senti

37) sentir : 느끼다, 냄새를 맡다, 냄새가 나다

- 나는 고통과 기쁨을 동시에 느낀다.
【동사구문 : V + qch】 Je sens la douleur et la plaisir en même temps.

- 나는 꽃향기 맡는 것을 좋아한다.
【동사구문 : V + qch】 J'aime sentir les fleurs.

- 이 신발에서 악취가 난다.
【동사구문 : V + adv】 Les chaussures sentent mauvais.

- 나는 준비가 다 됐음을 느낀다.
【동사구문 : V + que + ind】 Je sens que je suis prêt.

- 나는 내 심장이 뛰는 것을 느낀다.
【동사구문 : V + qch (qn) + inf】 Je sens mon coeur battre.

- 판매원은 그의 손님이 신경질적이라는 것을 느낀다.
【동사구문 : V + qn + adj】 Le vendeur sent son client nerveux.

servir

직설법			명령법	현재분사	과거분사
현재	반과거	미래			
(je)sers (tu)sers (il)sert (nous)servons (vous)servez (ils)servent	(je)servais (tu)servais (il)servait (nous)servions (vous)serviez (ils)servaient	(je)servirai (tu)serviras (il)servira (nous)servirons (vous)servirez (ils)serviront	(tu)sers (nous)servons (vous)servez	servant	servi

38) servir : 봉사하다, (음식을) 내놓다, (목적보어 없이) (군에) 복무하다, …에 소용되다, …을 사용하다, …의 구실을 하다

- 나는 손님들에게 디저트를 내놓는다.
【동사구문 : V + qch + à qn】 Je sers un dessert aux invités.

- 나는 2년 동안 복무했다.
【동사구문 : V ~】 J'ai servi pendant deux ans.

■ 이 로봇은 모든 사람들에게 쓸모가 있다.
【동사구문 : V + à qn】 Ce robot sert à tout le monde.

■ 이 길은 두 나라 사이의 통로 구실을 한다.
【동사구문 : V + de + 무관사명사】 Ce chemin sert de passage entre les deux pays.

sortir

직설법			명령법	현재분사	과거분사
현재	반과거	미래			
(je)sors (tu)sors (il)sort (nous)sortons (vous)sortez (ils)sortent	(je)sortais (tu)sortais (il)sortait (nous)sortions (vous)sortiez (ils)sortaient	(je)sortirai (tu)sortiras (il)sortira (nous)sortirons (vous)sortirez (ils)sortiront	(tu)sors (nous)sortons (vous)sortez	sortant	sorti

39) sortir : 나가다, 외출하다, 꺼내다

■ 우리는 저녁마다 우리 친구들과 놀러 나간다.
【동사구문 : V ~】 Nous sortons tous les soirs avec nos amis.

■ 나는 보통 주중에는 외출하지 않는다.
【동사구문 : V ~】 En général, je ne sors pas en semaine.

■ 그녀는 자기 아이들과 레스토랑에서 나온다.
【동사구문 : V + de + 장소】 Elle sort du restaurant avec ses enfants.

■ 나는 냉장고에서 우유를 꺼낸다.
【동사구문 : V + qch (qn) + de + qch】 Je sors du lait du réfrigérateur.

souffrir

직설법			명령법	현재분사	과거분사
현재	반과거	미래			
(je)souffre (tu)souffres (il)souffre (nous)souffrons (vous)souffrez (ils)souffrent	(je)souffrais (tu)souffrais (il)souffrait (nous)souffrions (vous)souffriez (ils)souffraient	(je)souffrirai (tu)souffriras (il)souffrira (nous)souffrirons (vous)souffrirez (ils)souffriront	(tu)souffre (nous)souffrons (vous)souffrez	souffrant	souffert

40) souffrir : 고통을 느끼다, 허용하다

- 나의 할머니는 일생동안 고통을 겪었다.
  【동사구문 : V ~】 Ma grand-mère a souffert toute sa vie.

- 우리는 한 달 동안 물 부족으로 고생하였다.
  【동사구문 : V + de + qch】 Nous avons souffert du manque d'eau pendant un mois.

- 그는 작업이 도중에 중단되는 것을 절대 허락하지 않는다.
  【동사구문 : V + qch (que +subj)】 Il ne souffre aucune interruption pendant son travail.

- 나는 더 이상 프랑스를 가지 못하는 것을 괴로워한다.
  【동사구문 : V + de + inf】 Je souffre de ne plus aller en France.

se souvenir

직설법			명령법	현재분사	과거분사
현재	반과거	미래			
(je)me souviens (tu)te souviens (il)se souvient (nous)nous souvenons (vous)vous souvenez (ils)se souviennent	(je)me souvenais (tu)te souvenais (il)se souvenait (nous)nous souvenions (vous)vous souveniez (ils)se souvenaient	(je)me souviendrai (tu)te souviendras (il)se souviendra (nous)nous souviendrons (vous)vous souviendrez (ils)se souviendront	(tu)souviens-toi (nous)souvenons-nous (vous)souvenez-vous	souvenant	souvenu

41) se souvenir : 회상하다, 기억하다

- 그는 지난날이 기억난다.
  【동사구문 : V + de + qch (qn)】 Il se souvient des jours anciens.

- 나는 어린 시절에 여기에 왔었던 기억이 난다.
  【동사구문 : V + de + inf】 Je me souviens d'être venu ici dans mon enfance.

suffire

직설법			명령법	현재분사	과거분사
현재	반과거	미래			
(je)suffis (tu)suffis (il)suffit (nous)suffisons (vous)suffisez (ils)suffisent	(je)suffisais (tu)suffisais (il)suffisait (nous)suffisions (vous)suffisiez (ils)suffisaient	(je)suffirai (tu)suffiras (il)suffira (nous)suffirons (vous)suffirez (ils)suffiront	(tu)suffis (nous)suffisons (vous)suffisez	suffisant	suffi

42) suffire : 충분하다, …에게 족하다

■ 단 한마디면 충분할 수 있다.
【동사구문 : V ~】 Un seul mot peut suffire.

■ 나는 그것으로 족하다.
【동사구문 : V + à qn】 Cela me suffit.

■ 그가 이 일을 끝내는데 일주일이면 충분할 것이다.
【동사구문 : V + à qn + pour + inf】 Une semaine lui suffira pour terminer ce travail.

■ 나는 커피 한잔 마실 수 있으면 족하다.
【동사구문 : Il suffit + à qn + de + inf】 Il me suffit de prendre un café.

suivre

직설법			명령법	현재분사	과거분사
현재	반과거	미래			
(je)suis (tu)suis (il)suit (nous)suivons (vous)suivez (ils)suivent	(je)suivais (tu)suivais (il)suivait (nous)suivions (vous)suiviez (ils)suivaient	(je)suivrai (tu)suivras (il)suivra (nous)suivrons (vous)suivrez (ils)suivront	(tu)suis (nous)suivons (vous)suivez	suivant	suivi

42) suivre : 뒤따라가다, 쫓아가다, 강의를 수강하다, (프로그램 따위를) 계속 시청하다

■ 한 남자가 택시를 급히 뒤따라간다.
【동사구문 : V + qch (qn)】 Un homme suit en hâte le taxi.

■ 올해 나는 프랑스어 강의를 수강한다.
【동사구문 : V + qch】 Je suis un cours de français cette année.

■ 엄마는 매일 저녁 텔레비전 연속극을 시청한다.
【동사구문 : V + qch】 Ma mère suit un feuilleton à la télévision tous les soirs.

tenir

직설법			명령법	현재분사	과거분사
현재	반과거	미래			
(je)tiens (tu)tiens (il)tient (nous)tenons (vous)tenez (ils)tiennent	(je)tenais (tu)tenais (il)tenait (nous)tenions (vous)teniez (ils)tenaient	(je)tiendrai (tu)tiendras (il)tiendra (nous)tiendrons (vous)tiendrez (ils)tiendront	(tu)tiens (nous)tenons (vous)tenez	tenant	tenu

43) tenir : 잡다, 유지하다, (장소를) 차지하다, (약속 따위를) 지키다, …에 애착을 갖다, …하고 싶다, 자신을 …라고 여기다

- 좋은 날씨가 주말까지 계속될 것이다.
  【동사구문 : V ~】 Le beau temps tiendra jusqu'au week-end.

- 나는 아들을 손으로 잡는다.
  【동사구문 : V + qn】 Je tiens mon fils par la main.

- 이 침대는 너무 자리를 많이 차지한다.
  【동사구문 : V + qch】 Ce lit tient trop de place.

- 내 친구는 약속을 잘 지킨다.
  【동사구문 : V + qch】 Mon amie tient bien sa parole.

- 그는 돈에 많이 집착한다.
  【동사구문 : V + à + qch】 Il tient beaucoup à l'argent.

- 나는 콩쿠르에 꼭 합격하고 싶다.
  【동사구문 : V + à + inf】 Je tiens à réussir au concours.

- 그녀는 자기가 예쁘다고 생각한다.
  【동사구문 : se ~ + pour + 속사】 Elle se tient pour belle.

valoir

직설법			명령법	현재분사	과거분사
현재	반과거	미래			
(je)vaux (tu)vaux (il)vaut (nous)valons (vous)valez (ils)valent	(je)valais (tu)valais (il)valait (nous)valions (vous)valiez (ils)valaient	(je)vaudrai (tu)vaudras (il)vaudra (nous)vaudrons (vous)vaudrez (ils)vaudront	(tu)vaux (nous)valons (vous)valez	valant	valu

44) valoir : (의) 값이 나가다, (…할 만한) 가치가 있다

- 이 오래된 가구는 2천 유로이다.
  【동사구문 : V + 가격】 Ce meuble ancien vaut deux mille euros.

- 그의 일은 상을 받을 만하다.
  【동사구문 : V + qch】 Son travail vaut une récompense.

vendre

직설법			명령법	현재분사	과거분사
현재	반과거	미래			
(je)vends (tu)vends (il)vend (nous)vendons (vous)vendez (ils)vendent	(je)vendais (tu)vendais (il)vendait (nous)vendions (vous)vendiez (ils)vendaient	(je)vendrai (tu)vendras (il)vendra (nous)vendrons (vous)vendrez (ils)vendront	(tu)vends (nous)vendons (vous)vendez	vendant	vendu

45) vendre : 팔다

- 나의 삼촌은 자기 집을 판다.
  【동사구문 : V + qch】 Mon oncle vend sa maison.

- 이 상인은 손님들에게 과일과 야채를 판다.
  【동사구문 : V + qch + à qn】 Le marchand vend des fruits et des légumes aux clients.

venir

직설법			명령법	현재분사	과거분사
현재	반과거	미래			
(je)viens (tu)viens (il)vient (nous)venons (vous)venez (ils)viennent	(je)venais (tu)venais (il)venait (nous)venions (vous)veniez (ils)venaient	(je)viendrai (tu)viendras (il)viendra (nous)viendrons (vous)viendrez (ils)viendront	(tu)viens (nous)venons (vous)venez	venant	venu

46) venir : 오다, (출발점 · 시발) (로 부터) 오다, 출신이다, …하러 오다, 방금 … 하다

- 그녀는 매일 걸어서 학교에 온다.
  【동사구문 : V ~】 Elle vient à l'école à pied tous les jours.

- 지금 그가 내 쪽으로 온다.
  【동사구문 : V + 방향】 Il vient vers moi maintenant.

- 나는 프랑스에서 온 포도주를 마신다.
  【동사구문 : V + de + 장소】 Je bois du vin qui vient de France.

- 그녀는 한국 출신이다.
  【동사구문 : V + de + 장소】 Elle vient de Corée du Sud.

- 그는 기차역으로 나를 찾으러 온다.
  【동사구문 : V + inf】 Il vient me chercher à la gare.

- 나는 방금 비행기표를 샀다.
  【동사구문 : V + de + inf】 Je viens d'acheter le billet d'avion.

vivre

직설법			명령법	현재분사	과거분사
현재	반과거	미래			
(je)vis (tu)vis (il)vit (nous)vivons (vous)vivez (ils)vivent	(je)vivais (tu)vivais (il)vivait (nous)vivions (vous)viviez (ils)vivaient	(je)vivrai (tu)vivras (il)vivra (nous)vivrons (vous)vivrez (ils)vivront	(tu)vis (nous)vivons (vous)vivez	vivant	vécu

47) vivre : 살다, 생활하다, (으로) 삶을 영위하다, (때, 시대를) 보내다

- 그들은 가족들과 함께 행복하게 산다.
【동사구문 : V + adj】 Ils vivent heureux avec leur famille.

- 나의 할머니는 시골에서 혼자 사신다.
【동사구문 : V + 장소】 Elle vit seule à la campagne.

- 개는 약 18년 산다.
【동사구문 : V + 기간】 Un chien vit environ dix-huit ans.

- 나의 아버지는 5년 전부터 연금으로 살아간다.
【동사구문 : V + de (sur) + qch】 Mon père vit de sa retraite depuis 5 ans.

- 내 친구는 평온하고 안락한 생애를 보냈다.
【동사구문 : V + qch】 Mon ami a vécu une vie tranquille et confortable.

voir

직설법			명령법	현재분사	과거분사
현재	반과거	미래			
(je)vois (tu)vois (il)voit (nous)voyons (vous)voyez (ils)voient	(je)voyais (tu)voyais (il)voyait (nous)voyions (vous)voyiez (ils)voyaient	(je)verrai (tu)verras (il)verra (nous)verrons (vous)verrez (ils)verront	(tu)vois (nous)voyons (vous)voyez	voyant	vu

48) voir : 보다, …에(게)서 …을 보다, 알다, 서로 만나다, 자신의 모습을 보다

- 그는 처음으로 신생아를 본다.
【동사구문 : V + qn (qch)】 Il voit un nouveau-né pour la première fois.

- 나는 기차가 도착하는 것을 본다.
【동사구문 : V + qch (qn) + inf】 Je vois le train arriver.

- 선생님은 나의 장래가 유망하다고 본다.
【동사구문 : V + qch + à qn】 Mon professeur me voit un bel avenir.

■ 그녀는 지금 내가 화가 났다는 것을 잘 안다.
【동사구문 : V + que + ind】 Elle voit bien que je suis fâché.

■ 나는 그녀가 내 초대에 수락할지 어떨지 알아본다.
【동사구문 : V + si + ind】 Je vois si elle accepte mon invitation.

■ 우리는 내일 영화관 앞에서 만날 것이다. (상호적)
【동사구문 : se ~】 Nous allons nous voir demain devant le cinéma.

■ 그녀는 거울에 비친 자신의 모습을 보는 것을 매우 싫어한다. (재귀적)
【동사구문 : se ~】 Elle déteste se voir dans une glace.

vouloir

직설법			명령법	현재분사	과거분사
현재	반과거	미래			
(je)veux (tu)veux (il)veut (nous)voulons (vous)voulez (ils)veulent	(je)voulais (tu)voulais (il)voulait (nous)voulions (vous)vouliez (ils)voulaient	(je)voudrai (tu)voudras (il)voudra (nous)voudrons (vous)voudrez (ils)voudront	(tu) veuille (nous) veuillons (vous) veuillez	voulant	voulu

49) vouloir : 바라다, …하고 싶어하다, 서로 …을 바라다

■ 이 남자는 커피 한잔과 크루와쌍을 원한다.
【동사구문 : V + qch】 Cet homme veut un café et un croissant.

■ 나는 네가 자주 친구들과 외출하기를 바란다.
【동사구문 : V + que + sub】 Je veux que tu sortes souvent avec tes amis.

■ 나는 주말에는 조용히 집에서 쉬고 싶다.
【동사구문 : V + inf】 Je veux me reposer tranquillement chez moi le week-end.

■ 그들은 서로 잘되기를 바란다.
【동사구문 : se ~】 Ils se veulent du bien l'un à l'autre.

Section 2

다양한 편지글 모델

1. 다양한 초대 편지 및 답장
2. 다양한 제안 편지 및 답장
3. 다양한 부탁, 요청 편지 및 답장
4. 다양한 일상 편지

1. 다양한 초대 편지 및 답장

❶ 생일 초대 편지 및 답장

■ 생일 초대 편지

Chers amis,

Je pense que vous n'avez pas oublié que le 11 mars est mon anniversaire. Mon mari et moi, nous voulons organiser un dîner entre amis à 7 heures du soir chez moi. Comme mon mari est spécialiste en cuisine coréenne, nous allons préparer des repas coréens spécialement pour vous. J'espère que vous pourriez tous venir. Dans l'attente d'une réponse rapide, je vous souhaite une bonne semaine.

À bientôt,

Anne

Vocabulaire et expressions

cher(chère) 친애하는
penser que ~ …라고 생각하다
oublier (기억 못하고) 잊다, 망각하다
le mars 3월
l'anniversaire 생일, 기념일
le mari 남편
organiser (행사 따위를) 준비하다, 기획하다
le dîner 저녁 식사
entre …끼리의, …사이에서(의)
7 heures du soir 저녁 7시
comme (원인·이유) …이므로, …이니까, …이기 때문에

spécialiste en cuisine coréenne 한국 요리 전문가
préparer 준비하다
le repas 식사
spécialement 특별히, 특히
espérer 기대하다, 바라다
venir 오다, (상대방 쪽으로) 가다
dans l'attente de+qch/inf …을[하기를] 기다리는, 기대하는
la réponse 대답, 답장
rapide 빠른, 신속한
souhaiter 바라다, 소망하다
la semaine 주

해석

친애하는 친구들에게,

3월 11일이 내 생일이라는 거 잊지 않았겠지. 남편과 나는 저녁 7시에 친구들끼리 모여 집에서 저녁식사를 하려고 해. 남편이 한국 요리 전문가이기 때문에, 너희들을 위해 특별히 한국 음식을 준비할거야. 너희들 모두 올 수 있었으면 좋겠어. 빠른 답변을 기대하며, 좋은 한 주를 보내길 바래. 곧 보자,

■ 승낙의 답장

Chère Anne,

Comment pourrais-je oublier le jour de ton anniversaire ! Je te remercie pour ton invitation. Évidemment je suis libre ce jour-là. La cuisine de ton mari me manque. Enfin, vous me manquez tous. Je vous porterai un gâteau au chocolat pour compléter le menu.

À très bientôt,

Sandra

Vocabulaire et expressions

comment 어떻게
remercier qn pour qch ~에게 ~에 대해 감사하다
l'invitation 초대
évidemment 확실히, 틀림없이
libre 자유로운
ce jour-là 그날
manquer à qn 몹시 그립다, 간절하다
enfin 그러니까, 요컨대, 말하자면
porter 가져오다
le gâteau au chocolat 초콜릿 케이크
compléter 보충하다, 완전하게 만들다
le menu 메뉴, 식단

해석

친애하는 안나,

너의 생일을 어떻게 잊을 수 있겠니! 초대해 줘서 고마워. 당연히 그날 시간이 되지. 네 남편의 요리가 그립다. 아무튼 당신들 모두 보고 싶구나. 메뉴를 완성하기 위해 내가 초콜릿 케이크를 가져갈게. 곧 만나자,

■ 거절의 답장

Chère Anne,

J'ai bien reçu ton invitation et t'en remercie vivement. Malheureusement, je suis prise ce jour-là, je ne pourrai donc pas y assister. J'ai vraiment envie de vous voir et d'apprécier les délicieux repas de ton mari. Par contre j'ai un petit cadeau pour toi, je te le passerai la prochaine fois qu'on se verra.

Amicalement,

Sandra

Vocabulaire et expressions

recevoir (을) 받다
remercier qn de qch ~에게 ~에 대해 감사하다
vivement (감정이) 열렬히, 깊이
malheureusement 불행히도, 안타깝게도
pris(e) (사람이) 바쁜
assister à+qch …에 출석(참석)하다
vraiment 정말로, 참말로
avoir envie de+inf …을 하고 싶다
apprécier (요리 · 술 따위를) 맛보다, 즐기다
délicieux(se) 맛있는
par contre 반대로
le cadeau 선물
passer qch à qn ~에게 ~을 건네[넘겨]주다, 전달하다
la prochaine fois 다음 번
se voir (상호적) 서로 만나다
amicalement 사이좋게, 정답게

해석

친애하는 안나,

너의 초대장을 잘 받았어. 그리고 초대해 줘서 진심으로 고마워. 그런데 안타깝게도 나는 그날 약속이 있어. 그래서 참석할 수 없을 것 같아. 정말로 너희들이 보고 싶고 너의 남편의 맛있는 음식도 즐기고 싶었는데. 아무튼 너에게 줄 작은 선물이 하나 있는데, 다음번에 만날 때 전해줄게.

우정을 전하며,

❷ 생일 파티 초대 편지 및 답장

■ 생일 파티 초대 편지

Chers amis,

Le dimanche 14 est mon anniversaire. J'organise donc une petite soirée entre amis de 18 heures à 22 heures à la salle de danse de Montpellier. Pourriez-vous venir ? Répondez-moi le plus vite possible.

Amitiés,

Lucie

Vocabulaire et expressions

le dimanche 일요일
la soirée 夜會(야회), 파티
de+시간 à+시간 ~부터 ~까지
la salle de danse 댄스 홀
le plus vite possible 가능한 한 최대한 빨리
amitiés (복수) 우정의 표시

해석

친애하는 친구들에게,

이번 14일 일요일이 내 생일이야. 그래서 오후 6시부터 밤 10시까지 몽펠리에 댄스홀에서 친구들끼리 모여 작은 파티를 열려고 해. 모두들 올 수 있는 거지? 가능한 한 빨리 답변 부탁해. 우정을 담아서,

■ 승낙의 답장

Salut Lucie,

Je te remercie de ton invitation. Je serai présente pour la soirée d'anniversaire. Si tu veux, je pourrai y arriver une heure plus tôt pour t'aider à préparer la fête. Est-ce que je dois apporter quelque chose ? Faut-il un style de vêtement particulier ? En tout cas, ça me ferait très plaisir de passer une soirée avec toi. J'attendrai ta réponse.

Amicalement et à bientôt,

Sylvie

Vocabulaire et expressions

salut 안녕
présent(e) 참석한, 출석한
une heure plus tôt 1시간 일찍
aider qn à+inf ~가 ~하는 것을 돕다
la fête 축연, 잔치
apporter 가져오다, 지참하다
il faut+qch 필요하다
le vêtement 옷, 의류
en tout cas 어쨌든, 하여튼
faire plaisir à qn ~를 기쁘게 하다

해석

안녕 루시,

초대해 줘서 정말 고마워. 너의 생일 파티에 참석할 수 있어. 네가 원한다면, 파티 준비하는 것을 도우러 1시간 일찍 갈 수도 있어. 내가 뭐 가져가야 하니? 특별한 스타일의 옷이 필요하니? 어쨌든, 너와 함께 파티를 즐길 수 있어서 아주 기뻐. 너의 대답을 기다릴게. 우정을 전하며 곧 만나자,

■ 거절의 답장

Salut Lucie,

Je suis vraiment désolée de ne pas pouvoir accepter ton invitation. Le dimanche 14, je dois aller chez ma tante pour un dîner de famille prévu depuis longtemps. J'espère qu'on pourra se voir un autre jour ! En tout cas, je te remercie de m'y avoir invité.

Amicalement,

Sylvie

Vocabulaire et expressions

désolé(e) de+inf ~하게 해서 애석하다, 유감스럽다
accepter 받아들이다
la tante 고모[이모], 외숙모
le dîner de famille 가족 만찬
prévu(e) 예측된, 예정된
depuis longtemps 오래전부터
un autre jour 다른 날(다음에)

해석

안녕 루시,

너의 초대에 응할 수 없어서 정말 유감이야. 이번 14일 일요일에 나는 오래전부터 계획된 가족 저녁식사 모임에 참석하러 숙모 집에 가야만 해. 다른 날 만날 수 있기를 바란다. 어쨌든 나를 초대해 줘서 고마워. 우정으로,

③ 은퇴 기념 파티 초대 편지 및 답장

■ 은퇴기념 파티 초대 편지

Chers collègues,

J'ai le plaisir de vous inviter à la fête que j'organise pour mon départ à la retraite. La fête aura lieu le samedi 15 mai de 19 heures à 22 heures dans la salle de conférence de l'entreprise. Je me charge de préparer tout ce qu'il faut pour la fête, j'aimerais seulement vous revoir tous. Merci de m'informer de votre présence par e-mail.

À très bientôt,

Éric

Vocabulaire et expressions

collègue 동료, 동직자
avoir le plaisir de+inf …하는 것을 기쁨으로 여기다
inviter qn à qch ~을 ~에 초대하다
le départ à la retraite 은퇴
avoir lieu 일어나다, 개최하다
la salle de conférence 회의장, 강연장
l'entreprise 기업, 회사
se charger de (일을) 맡다
tout ce qu'il faut 필요한 모든 것
merci de+inf ~해주어 감사합니다
informer qn de qch ~에게 ~에 대해 알려주다
la présence 출석
par e-mail 메일로

해석

친애하는 동료들에게,

저의 은퇴 파티에 당신들을 초대하게 되어 정말 기쁘게 생각합니다. 파티는 5월 15일 토요일 오후 7시부터 10시까지 회사 강당에서 열립니다. 파티에 필요한 모든 것을 준비했습니다. 저는 다만 당신들 모두 다시 볼 수 있기를 바랍니다. 이메일로 당신의 참석을 알려주시면 감사하겠습니다. 곧 뵙겠습니다,

■ 승낙의 답장

Bonjour,

Mille mercis à vous de m'avoir invité à votre fête de retraite. Je ne manquerai pas un tel événement important, j'accepte donc avec grand plaisir votre invitation. J'ai le cœur un peu triste de vous voir partir à la retraite, car travailler avec vous était un grand plaisir. Vous m'avez accompagné pendant mon stage et j'ai appris beaucoup de choses auprès de vous. Tous ces moments que j'ai partagés avec vous vont toujours me manquer.

Meilleures salutations,

Luc

Vocabulaire et expressions

mille mercis (대단히) 고맙습니다
manquer 놓치다, 잃다, 상실하다
un tel événement 그런 일
important(e) 중요한, 중대한
avec grand plaisir 기꺼이
triste 슬픈, 서글픈
partir à la retraite 은퇴하다
le plaisir 기쁨, 즐거움
accompagner 동반[동행]하다
le stage 실습, 연수, 인턴
apprendre 배우다, 습득하다
auprès de qn ~ 곁에, 옆에
tous les moments 매순간
partager avec qn ~와 공유하다, 함께 하다
meilleures salutations 안부 인사

해석

안녕하세요,

당신의 은퇴 파티에 저를 초대해 주셔서 진심으로 감사드립니다. 저는 이런 중요한 행사를 놓치지 않을 것입니다. 따라서 아주 기쁜 마음으로 파티에 참석하겠습니다. 당신과 함께 아주 즐겁게 일을 했기 때문에, 당신이 은퇴하는 것이 좀 슬픕니다. 제가 인턴을 하는 동안 당신은 옆에서 저를 도와주셨고, 저는 당신에게서 많은 것을 배웠습니다. 당신과 공유한 모든 순간들이 늘 그리울 것입니다. 감사합니다,

■ 거절의 답장

Bonjour,

Je suis ravi d'être invité à votre fête et j'ai vivement envie d'y assister. Malheureusement, j'ai un rendez-vous très important le samedi 15 mai. Ce jour-là ma grande sœur que je n'ai pas vue depuis longtemps rentre en Corée après ses études aux États-Unis. Je dois aller la chercher à l'aéroport avec mes parents, après il faut qu'on aille directement à l'hôpital pour aller voir ma grand-mère. Elle ne se porte pas très bien et son état s'aggrave de plus en plus. Je suis vraiment désolé pour mon absence et je vous remercie encore une fois pour votre invitation. J'espère qu'on pourra se voir un autre jour.

Meilleures salutations,

Luc

Vocabulaire et expressions

ravi(e) 몹시 기쁜
avoir un rendez-vous 약속이 있다
le samedi 토요일
le mai 5월 달
la grande sœur 누나, 언니
rentrer en Corée 한국으로 돌아오다
l'étude 공부, (복수) 학업
aux États-Unis 미국에서
aller chercher qn ~를 맞이하러 가다
l'aéroport 공항
les parents 부모, 양친
directement 곧바로
l'hôpital 병원
se porter bien 건강이 좋다
l'état (심신의) 상태
s'aggraver 악화되다, 더 심해지다
de plus en plus 점점 더, 더욱 더
l'absence 불참
encore une fois 한번 더

해석

안녕하세요,

당신의 은퇴 파티에 저를 초대해 주셔서 진심으로 기쁘게 생각합니다. 당신의 은퇴 파티에 정말로 참석하고 싶습니다. 그런데 애석하게도 제가 5월 15일 토요일에 아주 중요한 약속이 있습니다. 그 날 오랫동안 보지 못했던 큰 누이가 미국에서 학업을 마치고 한국으로 돌아옵니다. 부모님과 함께 공항으로 마중 나가서 곧장 할머니를 뵈러 병원으로 같이 가야합니다. 할머니의 건강이 좋지 않은데, 점점 더 상태가 악화되고 있습니다. 은퇴 파티에 참석하지 못해 정말로 죄송합니다. 그리고 저를 초대해 주셔서 한번 더 감사드립니다. 언젠가 우리가 다시 만날 수 있기를 바랍니다. 감사합니다,

❹ 콘서트 초대 편지 및 답장

■ 콘서트 초대 편지

Chère Misun,

Comment vas-tu ? Est-ce que tu es libre dimanche prochain ? Comme tu adores la musique classique, j'aimerais t'inviter avec ton petit ami au concert d'Andrea Bocelli. Après le concert, nous pourrons aller dîner dans un restaurant sympathique. J'espère que vous êtes disponibles. J'attends ta réponse.

Amitiés et à très bientôt,

Sylvie

Vocabulaire et expressions

le concert 음악회, 연주회
aller dîner 저녁식사 하러 가다
sympathique (장소 따위가) 쾌적한
disponible 한가한, 시간 여유가 있는

해석

친애하는 미선,

어떻게 지내? 다음 주 일요일에 너 한가하니? 네가 클래식 음악을 좋아해서, 너와 네 남자 친구를 안드레아 보첼리의 콘서트에 초대하고 싶어. 그리고 콘서트가 끝나면 근사한 식당으로 저녁 먹으러 가자. 너와 네 남자친구가 시간이 되기를 바란다. 너의 대답을 기다릴께. 우정을 전하며 곧 만나자,

■ 승낙의 답장

Chère Sylvie,

Je te remercie beaucoup de nous avoir invités au concert. Nous sommes tous les deux de grands fans d'Andrea Bocelli et nous sommes disponibles dimanche prochain. Après le concert, nous pouvons évidemment aller dîner ensemble. Je serai heureuse de te revoir.

À très bientôt,

Misun

Vocabulaire et expressions

tous les deux 둘 다
fan 팬, 열광자
être heureux(se) de+inf ~하는 것에 기쁘다

해석

친애하는 실비,

우리를 콘서트에 초대해 줘서 고마워. 우리 둘 모두 안드레아 보첼리의 열광팬이고, 다음 주 일요일에 시간도 있어. 콘서트가 끝난 후에 당연히 너와 함께 저녁을 먹으러 가야지. 너를 다시 보게 되면 너무 기쁠 것 같아. 곧 만나자,

■ 거절의 답장

Chère Sylvie,

C'est très gentil de ta part de nous avoir invités, mais malheureusement nous ne serons pas libres dimanche prochain. J'ai un rendez-vous personnel très important et mon petit-ami est également pris ce jour-là. Je te remercie beaucoup quand même pour l'invitation au concert. J'espère qu'on pourra aller boire un verre un jour tous ensemble.

Au plaisir de te revoir,

Misun

Vocabulaire et expressions

gentil(le) 친절한, 상냥한, 관대한
de la part de qn …의 쪽에서, …로서는
personnel(le) 사적인, 개인의
le petit-ami 남자 친구
également 역시, 마찬가지로
quand même 그렇지만, 그래도
boire un verre 술을 한잔 하다
un jour 어느 날
Au plaisir de te revoir! 안녕, 또 보자!

해석

친애하는 실비,

우리를 초대해 줘서 진심으로 너에게 감사하게 생각해. 그런데 애석하게도 우리가 다음 주 일요일에 시간이 안 될 것 같아. 나는 아주 중요한 개인적인 모임이 있고, 내 남자 친구도 그날 약속이 잡혔어. 어쨌든 콘서트에 초대해 줘서 정말 고마워. 언젠 한번 다 같이 술 한 잔 마시러 갈 수 있기를 바래. 너를 다시 보는 것을 기쁘게 생각하며,

❺ 식사 초대 편지 및 답장

■ 식사 초대 편지

Cher Paul,

Je dois partir à Séoul dans 10 jours pour un voyage d'affaires. Avant mon départ, j'aimerais savoir si on peut se rencontrer. Je sais bien que tu as beaucoup de travail en ce moment pour l'examen, mais ça me fera un très grand plaisir de dîner ensemble. Je te propose samedi prochain, donc le 5 septembre à 18h. Dis-moi si tu es disponible et si l'heure te convient.

Amitiés,

Sylvie

Vocabulaire et expressions

partir 출발하다, 떠나다
dans (시간) ~ 후에
le voyage d'affaires 상용(商用) 여행, 출장
le départ 출발
savoir si+ind ~인지 아닌지를 알다
se rencontrer 서로 만나다
en ce moment 지금, 현재
proposer 제안하다, 권하다
dire 말하다, 이야기 하다
convenir à qn …의 상황[처지]에 맞다, …에게 유익하다

해석

친애하는 폴에게,

나는 열흘 후에 서울로 출장을 가야만 해. 출장 가기 전에, 우리 서로 만날 시간이 있는지 알고 싶어. 요즘 네가 시험으로 할 일이 많다는 거 잘 알고 있어. 그런데 우리가 함께 저녁 식사를 하면 나는 아주 기쁠 것 같아. 다음 주 토요일 그러니까 9월 5일 18시를 네게 제안하는데, 그날 되는지 그리고 그 시간이 괜찮은지 내게 말해줄래. 우정으로,

■ 승낙의 답장

Chère Sylvie,

Je te remercie pour cette proposition. Je suis d'accord pour la date, mais il faudra modifier l'heure du rendez-vous. En fait mon examen se déroulera du 4 au 5 septembre, et le 5 je finirai entre 18h et 18h 30. Je te propose donc plutôt de nous voir vers 20 heures. Cette heure te convient-elle ? Cela me fera aussi un grand plaisir de te rencontrer avant ton départ et de dîner ensemble. Réponds-moi quand tu pourras.

Je t'embrasse très fort,

Paul

Vocabulaire et expressions

la proposition 제안, 제의
être d'accord 동의하다
la date 날짜
il faut+inf …해야만 한다, …할 필요가 있다
modifier 변경하다, 수정하다
en fait 사실은, 실제는
se dérouler (사건 따위가) 일어나다, 전개되다
septembre 9월
finir 끝나다, 멈추다
entre A et B (시간) A와 B 사이에
proposer à qn de+inf ~에게 ~할 것을 제안하다
vers (시간) …경, 무렵

해석

친애하는 실비,

이런 제안을 해줘서 고마워. 그런데 날짜는 동의하지만 약속시간은 변경해야 할 것 같아. 사실 시험은 9월 4일부터 5일까지 진행되고, 5일 오후 6시에서 6시 30분 사이에 끝나. 그래서 오후 8시경에 만나는 것은 어떤지 네게 제안하고 싶어. 이 시간은 괜찮니? 출장 떠나기 전에 너를 만나 함께 저녁 식사할 수 있으면 나도 매우 기쁘지. 가능할 때 대답해줘. 진심어린 우정으로,

❻ 레스토랑 초대 편지 및 답장

■ 레스토랑 초대 편지

Salut Charles,

Comment ça va ? Cela fait longtemps que je ne t'ai pas vu à cause de la préparation de ton examen. Alors, j'aimerais t'inviter avec mon ami dans un restaurant, le samedi 7 juillet à 20 heures. Réponds-moi dès que tu peux.

Amicalement,

Marie

Vocabulaire et expressions

cela fait longtemps que+ind ~한 지 오래다
à cause de+qch ~ 때문에
la préparation 준비
juillet 7월
dès…부터, …하자마자

해석

안녕 샤를르,

잘 지내니? 너의 시험 준비 때문에 너를 못 본지 오래됐네. 그래서 7월 7일 토요일 오후 8시에 내 친구와 함께 너를 레스토랑에 초대하고 싶어. 최대한 빨리 대답해줘. 우정으로,

■ 초대 시간에 늦게 도착한 이유를 밝히는 답장

Salut Marie,

Je suis vraiment désolé pour mon retard. L'ami que j'ai rencontré à midi a eu un accident cet après-midi, donc je l'ai accompagné à l'hôpital. Heureusement, il ne s'est pas gravement fait mal. Après, j'ai pris le bus vers 19 heures pour notre rendez-vous, mais cela m'a pris presque deux heures pour y venir. Je voulais te contacter, mais à ce moment-là j'ai réalisé que j'avais laissé mon portable à l'hôpital. Quand je suis arrivé dans le restaurant, tu étais déjà parti. Je m'excuse sincèrement et j'espère qu'on pourra se voir une prochaine fois.

Amicalement,

Charles

Vocabulaire et expressions

le retard 늦음, 지각
avoir un accident 사고를 당하다
cet après-midi 오늘 우후
heureusement 다행히(도)
gravement 중대하게, 심각하게
se faire mal 다치다
prendre le bus 버스를 타다
presque 거의
prendre deux heures 두 시간 걸리다
contacter 접촉하다, 연락하다
à ce moment-là 그때
réaliser 깨닫다, 이해하다
laisser 놓아 두다, 잊고 남겨두다
le portable 휴대전화
Je m'excuse. 죄송하다, 미안하다.
sincèrement 진심으로, 솔직히

해석

안녕 마리,

약속 시간에 늦어서 정말 미안해. 정오에 만난 친구가 오후에 사고를 당했어. 그래서 그 친구를 병원에 데리고 갔어. 다행히 그는 심하게 다치지는 않았어. 그리고 나서 저녁 7시 경에 약속 장소로 가려고 버스를 탔어. 그런데 약속장소에 도착하는 데만 거의 2시간이나 걸렸어. 너에게 연락하고 싶었으나, 내 핸드폰을 병원에 두고 왔다는 것을 그때 깨달았어. 내가 식당에 도착했을 때, 너는 이미 떠나고 없었어. 진심으로 사과하고 다음 번에 다시 볼 수 있기를 바래. 우정으로,

■ 거절의 답장

Salut Marie,

Cela fait très longtemps qu'on ne s'est pas vu. J'ai vraiment envie de te revoir, mais malheureusement, j'ai déjà un rendez-vous ce soir-là avec mes collègues de travail. Je suis vraiment désolé, et merci encore de m'avoir invité avec ton ami au restaurant. J'espère qu'on pourra se revoir tous les trois une prochaine fois.

Amicalement,

Charles

Vocabulaire et expressions

ce soir-là 그날 저녁
collègue de travail 동료 직원
tous les trois 셋 다(모두)

해석

안녕 마리,

우리가 서로 못 본지 아주 오래됐네. 네가 정말 보고 싶구나. 그런데 안타깝게도 난 그날 밤에 내 직장 동료들과 약속이 있어. 정말 미안해. 네 친구와 함께 레스토랑에 나를 초대해 줘서 다시 한 번 고마워. 다음 번에 우리 셋 모두 다 같이 볼 수 있기를 바래. 우정으로,

❼ 결혼식 초대장 및 답장

■ 결혼식 청첩장

Paul et Sylvie

sont heureux de vous convier à leur mariage
qui sera célébré le samedi 7 septembre 2018
à 14 heures 30
à la mairie d'Aix-en-Provence

3, rue de St Saporta, avenue Montaigne
13100 Aix

Vocabulaire et expressions

convier qn à qch ~를 ~에 초대하다
le mariage 결혼, 결혼식
célébrer (식을) 올리다, 거행하다
la mairie 시청

해석

폴과 실비는
그들의 결혼식에 당신을 초대하게 되어 기쁩니다.
2018 년 9월 7일 토요일, 오후 2시 30분
엑상 프로방스 시청에서
결혼식이 거행됩니다.

몽테뉴 거리, 성 사포르타 3번지
13100 엑스

■ 승낙의 답장

Cher Paul,

Je suis très heureuse d'apprendre votre mariage. Toutes mes félicitations et mes meilleurs voeux de bonheur à vous deux. Le samedi 7 septembre, je suis libre donc je peux y assister. Je n'ai jamais cru que tu allais vraiment te marier et comme par magie, tu le fais. Je te souhaite encore une fois un très bon mariage et on se verra donc le 7 septembre.

Amicalement,

Louise

Vocabulaire et expressions

être heureux(se) de+inf ~하게 되어 기쁘다
apprendre (배워서 · 들어서 · 읽어서) 알다
toutes mes félicitations 진심으로 축하 한다
les meilleurs voeux de bonheur 행복을 기원 한다
ne ~ jamais 결코 (단연코) …않다
croire 믿다, 확신하다
se marier 결혼하다, 결혼식을 하다
comme par magie 신기(기묘)하게
bon mariage 행복한 결혼(식)

해석

친애하는 폴에게,

너희 둘의 결혼 소식을 듣게 되어 진심으로 기뻐. 너희 둘의 행복을 기원하며 축하를 보낸다. 9월 7일 토요일, 그날 나는 시간이 비어 있어서 참석할 수 있어. 나는 네가 정말로 결혼하리라는 것을 생각치도 못했는데, 마술처럼 너는 결혼을 하는구나. 행복한 결혼식이 되기를 다시 한번 기원하며, 9월 7일에 보자. 우정으로,

■ 참석 여부를 아직 모르겠다는 답장

Chère Sylvie,

Je suis très heureuse d'apprendre votre mariage. Toutes mes félicitations et mes meilleurs voeux de bonheur à vous deux. Ton invitation me fait très plaisir et j'ai vraiment envie de venir, mais je ne sais pas encore si je serai libre ce jour-là, car ma grand-mère est gravement malade. Je crois que je dois la surveiller pour le moment. Si elle va mieux d'ici le mariage, je pourrai au moins venir pour la cérémonie. Encore une fois, tous mes voeux de bonheur !

Je t'embrasse,

Louise

Vocabulaire et expressions

malade 아픈, 병든
surveiller 돌보다, 지키다
pour le moment 지금으로서는
aller mieux (건강 · 사정이) 나아지다, 호전되다
d'ici (à)+시간명사 (시간) 지금부터 …까지
la cérémonie (결혼 · 장례 따위에서의) 장중한 의식, 제례

해석

친애하는 실비에게,

너희 둘의 결혼 소식을 듣게 되어 진심으로 기뻐. 너희 둘의 행복을 기원하며 축하를 보낸다. 결혼식에 나를 초대해 줘서 정말 기뻐. 그런데 너의 결혼식에 정말로 가고 싶지만, 그날 시간이 날지 아직 잘 모르겠어. 왜냐하면 할머니가 위독하셔. 지금으로서는 할머니를 간호해드려야 할 것 같아. 할머니가 결혼식까지 좀 회복되시면, 어떻게든 결혼식에는 갈 수 있을 거야. 다시 한번 행복을 기원하며! 진심어린 우정으로,

■ 거절의 답장

Chers Paul et Sylvie,

Je suis très heureuse d'apprendre votre mariage. Toutes mes félicitations et mes meilleurs voeux de bonheur à vous deux. Je suis très touchée par votre invitation et j'ai vraiment envie d'y assister, mais je suis désolée, malheureusement je ne peux pas. Le samedi 7 septembre je dois aller à Lyon pour une raison personnelle. Je vous souhaite quand même encore une fois un très bon mariage et je viendrai vous voir la prochaine fois que vous m'inviterez.

Je vous embrasse,

Cécile

Vocabulaire et expressions

être touché(e) par+qch ~에 감격(감동)하다
venir (pour)+inf …을 하러 오다
pour une raison personnelle 개인적인 사정에 의해서

해석

친애하는 폴과 실비에게,

당신들의 결혼 소식을 듣게 되어 진심으로 기쁩니다. 당신들의 행복을 기원하며 축하를 보냅니다. 당신의 초대에 매우 감동 받았습니다. 진심으로 당신의 결혼식에 참석하고 싶은데, 유감스럽게도 그럴 수가 없을 것 같습니다. 9월 7일 토요일에 저는 개인적인 이유로 리옹에 가야만 합니다. 아무튼 행복한 결혼식이 되기를 다시 한번 바라고, 다음번에 저를 초대해 주실 때 당신들을 보러 가겠습니다. 진심어린 우정으로,

8 결혼식 초대 편지 및 답장

■ 결혼식 초대 편지

Chère Anna,

La dernière fois qu'on s'est vu, je t'ai parlé de ma rencontre avec Namsou. Nous venons de décider de nous marier dans un mois. J'aimerais partager ma joie avec toi, et je serais ravie si tu pouvais assister à notre mariage. J'espère que tu pourras y venir.

Amitiés,

Sophie

Vocabulaire et expressions

la dernière fois que+ind 저번에 ~했을 때
parler de …에 대해 이야기하다
la rencontre 만남
venir de+inf (근접과거) 방금 ~하다
décider de+inf …하기로 결정하다
un mois 한 달
partager sa joie avec qn ~와 기쁨을 나누다

해석

친애하는 안나에게,

우리가 지난번에 만났을 때, 너에게 남수와의 만남에 대해 말했었지. 우리는 한 달 후에 결혼하기로 결정했어. 그래서 너와 그 기쁨을 함께 나누고 싶어. 우리 결혼식에 네가 참석할 수 있다면 나는 아주 기쁠 거야. 네가 올 수 있기를 바래. 우정으로,

■ 승낙의 답장

Chère Sophie,

Je suis très heureuse que tu aies trouvé un partenaire de vie. Je te félicite pour ce merveilleux mariage. Tu es ma meilleure amie, j'assisterai bien évidemment avec une grande joie à votre mariage. Vous allez être vraiment bien ensemble. Je vous souhaite un très bon mariage et tous mes veux de bonheur !

Bien amicalement à toi,

Anna

Vocabulaire et expressions

le partenaire de vie 인생 파트너
féliciter qn pour+qch ~에게 ~을 축하하다
merveilleux 훌륭한, 멋진
ma meilleure amie 나의 가장 친한 친구
aller bien ensemble 어울리다

해석

친애하는 소피에게,

네가 네 인생의 짝을 만나서 진심으로 기쁘게 생각해. 이 멋진 결혼을 축하해. 너는 나의 가장 친한 친구이니, 당연히 너의 결혼식에 기쁜 마음으로 참석해야지. 너희 둘은 정말로 잘 어울려. 멋진 결혼식과 행복을 진심으로 기원해. 너에게 진심어린 우정을 보내며,

■ 거절의 답장

Chère Sophie,

Je suis très heureuse d'apprendre votre mariage. Toutes mes félicitations et mes meilleurs voeux de bonheur à vous deux. J'ai vraiment envie d'y assister, mais malheureusement, je suis prise ce jour-là. Je dois aller à Cannes avec mes collègues de travail. Je regrette vraiment cet empêchement, mais crois bien que je serai de tout coeur avec toi.

Je t'embrasse,

Anna

Vocabulaire et expressions

regretter 유감스럽게 여기다, 섭섭해 하다
l'empêchement 방해, 지장, 장애(물)
de tout coeur 진심으로, 기꺼이

해석

친애하는 소피에게,

너희 둘의 결혼 소식을 듣게 되어 진심으로 기뻐. 너희 둘의 행복을 기원하며 축하를 보낸다. 나는 너의 결혼식에 정말 참석하고 싶은데, 애석하게도 그날 약속이 잡혔어. 직장 동료들과 함께 칸에 가야 해. 이런 일이 생겨 매우 유감스러워. 그러나 마음으로나마 너와 함께 한다는 것을 잊지 말아줘. 우정을 담아,

2. 다양한 제안 편지 및 답장

❶ 공연티켓 선물 제안 편지 및 답장

■ 공연티켓 선물 제안 편지

Chers Paul et Sylvie,

Ça fait longtemps qu'on ne s'est pas vu. Vous allez bien tous les deux ? Je vous écris pour savoir si vous êtes libres le 20 mai. J'ai reçu deux cartes d'invitation pour aller voir la comédie musicale de «Notre dame de Paris» de Victor Hugo. Malheureusement, je suis déjà pris ce jour-là. Si vous avez envie d'y aller, je peux vous les offrir avec plaisir, d'autant plus que je sais que vous aimez tous les deux la comédie musicale. La pièce sera jouée au Centre Culturel National le 20 mai à 19 heures. Faites-moi savoir si cela vous intéresse.

Amitiés et à bientôt,

Misun

Vocabulaire et expressions

écrire (글 · 편지로 …라고) 쓰다
la carte d'invitation 초대장
la comédie musicale 뮤지컬
offrir 주다, 제공하다
avec plaisir 기꺼이, 즐겁게
d'autant plus que+ind …인 만큼 더욱더 많이
la pièce 희곡, (문학 · 음악의) 작품
jouer (연극 · 오페라 따위를) 공연하다, (영화를) 상영하다
Centre Culturel National 국립 문화 센터
Faites-moi savoir si+ind ~인지를 알려 주십시오
intéresser qn 관심을 끌다, 관심을 불러일으키다

해석

친애하는 폴과 실비에게,
우리가 서로 못 본지 오래됐네. 너희들 둘 다 잘 지내지? 내가 편지를 한 것은 5월 20일에 너희들 시간이 비는지 알고 싶어서야. 내가 빅토르 위고의 "노트르담 드 파리" 뮤지컬을 보러갈 수 있는 초대권 2장을 받았어. 그런데 아쉽게도 내가 그날 선약이 있어. 만약 너희들이 거기에 가길 원한다면, 특히 너희 둘 다 뮤지컬을 좋아하는 것을 아니까, 기꺼이 그 초대권을 줄게. 공연은 5월 20일 오후 7시에 국립문화센터에서 열려. 생각이 있다면 내게 알려줘. 우정을 전하며 곧 만나자,

■ 승낙의 답장

Chère amie,

J'ai bien reçu ta lettre et je te remercie pour ta proposition. Nous adorons les comédies musicales, surtout celles de Victor Hugo. Nous voulions vraiment aller voir «Notre dame de Paris», mais nous n'avons pas pu acheter les tickets car toutes les places étaient déjà prises. Si tu peux nous offrir tes tickets, ça nous fera un immense plaisir. Quand est-ce que tu seras disponible pour nous passer les tickets ? Es-tu libre demain soir ? Répond-moi dès que possible.

Merci beaucoup et à très bientôt,

Paul et Sylvie

Vocabulaire et expressions

la lettre 편지
adorer 매우 좋아하다
celui de+보어 (사람·사물의 대리) 그 사람, 그것
acheter 사다
la place 좌석, 좌석권
pris(e) (좌석·시간 따위가) 차 있는
immense 엄청난, 무한한
dès que possible 가능한 한 빨리

해석

친애하는 친구에게,

너의 편지 잘 받았어. 그리고 너의 제안에 진심으로 감사하게 생각해. 우리는 뮤지컬, 특히 빅토르 위고의 뮤지컬을 아주 좋아해. 우리는 "노트르담 드 파리"를 보고 싶었는데, 전 좌석이 매진되어 티켓을 구매할 수가 없었어. 네가 그 티켓을 준다면 더할 나위 없이 기쁘지. 언제 우리에게 그것을 건네줄 수 있니? 내일 저녁에 시간이 되니? 가능한 한 빨리 대답해 줄래. 고마워 그리고 곧 만나자,

■ 거절의 답장

Chère amie,

Je suis vraiment désolée de ne pas pouvoir accepter ta gentille proposition. Nous avons vraiment envie d'aller voir «Notre dame de Paris». Nous sommes tous les deux intéressés par la comédie musicale, surtout de Victor Hugo, mais nous sommes pris ce jour-là. Nous devons aller voir notre ami qui est à l'hôpital à cause d'une maladie assez grave. Nous te remercions d'avoir pensé à nous. Nous espérons que nous pourrions nous voir un jour ou l'autre.

Amitiés,

Sylvie

Vocabulaire et expressions

la maladie 병, 질환
pensé à+qn …에 대해 생각하다
un jour ou l'autre 조만간에

해석

친애하는 친구에게,

너의 좋은 제안을 받아들 일 수 없어서 매우 유감스러워. 우리는 정말로 "노트르담 드 파리" 뮤지컬을 정말로 보러 가고 싶었어. 우리 둘 모두 뮤지컬, 특히 빅토르 위고에 관심이 많아. 그런데 그날 선약이 있어. 중병으로 병원에 입원해 있는 친구를 만나러 가야 하거든. 우리를 생각해 줘서 진심으로 고마워. 언젠 우리 한번 만나자. 우정을 담아서,

❷ 등산 제안 편지 및 답장 (1)

■ 등산 제안 편지

Cher David,

Comment vas-tu ? Tes vacances en Italie se sont bien passées ?
J'organise une randonnée en montagne avec quelques amis samedi prochain. Si tu es disponible ce jour, tu seras le bienvenu. Cela me fera très plaisir de te revoir. Dans l'attente de ta réponse.

Amicalement,

Paul

Vocabulaire et expressions

les vacances 휴가
en Italie 이탈리아에(서), 이탈리아로
se passer (일 · 사건 따위가) 일어나다, 발생하다
la randonnée en montagne 산에서의 하이킹 (등산)
être le bienvenu 환영(을) 받다

해석

친애하는 데이비드에게,
어떻게 지내? 이탈리아에서의 휴가는 좋았니? 나는 다음 토요일에 몇 몇 친구들과 함께 산으로 트래킹을 하기로 계획했어. 네가 그날 시간이 된다면, 대환영이야. 너를 다시 보다면 엄청 반가울 거야. 너의 대답을 기다리며. 우정으로,

■ 승낙의 답장

Cher Paul,

J'ai bien reçu ta lettre. Mes vacances en Italie se sont très bien passées. Je suis allé voir beaucoup de lieux touristiques très sympathiques, mais bien évidemment il y avait énormément de touristes. Sinon, je te remercie pour ta proposition, car j'adore la randonnée en montagne. Je suis libre samedi prochain. À cette occasion je te passerai un petit cadeau de souvenir que j'ai acheté en Italie en pensant à toi et te montrerai les photos que j'ai prises là-bas.

À bientôt,

David

Vocabulaire et expressions

le lieu touristique 관광지
énormément 엄청나게, 막대하게, 많게
touriste 관광객, 여행객
sinon 그렇지 않으면
à cette occasion 이 기회에
le cadeau de souvenir 기념품
montrer 보게 하다, 보이다
prendre des photos 사진을 찍다
là -bas 그곳에(서)

해석

친애하는 폴에게,

너의 편지 잘 받았어. 이탈리아에서의 휴가는 아주 좋았어. 나는 아주 멋진 관광지들을 보러 다녔어. 물론 거기에는 많은 관광객들이 있었지. 그건 그렇고, 너의 제안 고마워. 난 산에서 트래킹하는 거 아주 좋아해. 다음 주 토요일에 시간이 많아. 그날 너를 생각하며 이탈리아에서 산 작은 기념품을 전해줄게. 그리고 거기서 찍은 사진도 보여줄게. 곧 만나자,

■ 아직 모르겠다는 내용의 답장

Cher Paul,

Comment vas-tu ? Merci pour ta lettre, moi j'ai passé de bonnes vacances en Italie. Je me suis bien reposé et j'ai pu visiter des lieux touristiques assez sympathiques. Ça me ferait très plaisir de faire une randonnée en montagne avec tes amis, mais je ne sais pas encore si je serai libre samedi prochain, car ce jour-là, je dois aller voir mes grands-parents avec ma famille. Je vais demander à mes parents si je peux ne pas y aller cette fois-ci. Je te recontacterai quand j'aurai l'information.

Amicalement et à bientôt,

David

Vocabulaire et expressions

se reposer 쉬다, 휴식을 취하다
visiter 방문하다, 여행하다
demander à qn si+ind ~에게 인지를 묻다, 부탁하다
cette fois-ci 이번
recontacter 다시 연락하다, 다시 접촉하다
l'information 정보

해석

친애하는 폴에게,

어떻게 지내니? 너의 편지 고마워. 나는 이탈리아에서 휴가를 아주 즐겁게 잘 보냈어. 잘 쉬었고, 멋진 관광지들을 둘러볼 수도 있었어. 네 친구들과 함께 산에서 트래킹하면 정말 좋을 것 같아. 그런데 다음 주 토요일에 내가 시간을 낼 수 있을지 잘 모르겠어. 그날 가족들과 함께 조부모님을 뵈러 가야만 하거든. 그런데 내가 이번에 가지 않아도 되는지 부모님께 한번 물어볼게. 부모님의 대답을 듣게 되면 다시 연락할게. 우정을 전하며 곧 만나자,

③ 주말을 함께 보내자는 제안 편지 및 답장

■ 주말을 함께 보내자는 제안 편지

Cher Bernard,

Je vais passer ce week-end à la mer avec ma famille. Si ça te dit, tu peux nous rejoindre avec ta femme. Réponds-moi dès que tu peux.

Amicalement,

Éric

Vocabulaire et expressions

ce week-end 이번 주말
la mer 바다
si ça te dit 관심이 있으면
rejoindre 합류하다
la femme 아내, 부인

해석

친애하는 베르나르에게,

나는 가족과 함께 이번 주말을 바닷가에서 보낼 거야. 생각이 있다면, 너와 너의 부인은 우리와 같이 주말을 보낼 수 있어. 가능한 한 빨리 대답해줘. 우정을 담아,

■ 승낙의 답장

Cher Éric,

J'ai bien reçu ta lettre et je te remercie pour ta proposition. Ce week-end, ma femme et moi sommes libres. Ma femme adore la mer et je pense qu'elle sera contente de passer le week-end avec vous. Est-ce qu'on part vendredi soir ou samedi matin ? Doit-on prendre quelques choses ? Tiens au courant.

À bientôt,

Bernard

Vocabulaire et expressions

être content(e) de+inf
vendredi soir 금요일 저녁
samedi matin 토요일 아침
tenir au courant 알려주다

해석

친애하는 에릭에게,

너의 편지 잘 받았고 너의 제안에 진심으로 감사해. 이번 주말에 나와 아내는 별다른 일이 없어. 내 아내는 바다를 아주 좋아해. 그리고 당신들과 함께 주말을 보내는 것을 아주 기쁘게 생각할 거야. 금요일 밤에 떠나니 아니면 토요일 아침에 떠나니? 우리가 뭐 가져가야 하니? 나에게 알려줄래. 곧 보자,

■ 거절의 답장

Cher Éric,

Je te remercie de ta proposition, mais je ne pourrai pas venir. Ce week-end, je dois rendre visite à mes parents. Comme ils habitent très loin de chez moi, on n'a pas tellement l'occasion de se voir. De plus, ma femme n'est pas dans le pays. Elle est allée en Indonésie pour des raisons personnelles. Je suis vraiment désolé. Peut-être qu'on pourra y aller ensemble une prochaine fois !

Amicalement,

Bernard

Vocabulaire et expressions

rendre visite à qn ~를 방문하다
habiter 살다, 거주하다
loin de+qch …에서 멀리 떨어져
tellement 그렇게 (매우, 아주) 많이
avoir l'occasion de+inf ~할 기회를 가지다
de plus 게다가
l'Indonésie 인도네시아
peut-être que 아마 …일 것이다

해석

친애하는 에릭에게,

너의 제안을 진심으로 고맙게 생각해. 그런데 나는 갈 수가 없을 것 같아. 이번 주말에 부모님을 뵈러 가야 하거든. 부모님들이 우리 집에서 멀리 떨어져 살기 때문에, 서로 볼 기회가 별로 없어. 게다가 아내도 지금 여기 없어. 개인적인 이유로 인도네시아에 갔어. 정말 미안해. 아마 다음 번에는 같이 갈 수 있을 거야! 우정을 전하며,

❹ 등산 제안 편지 및 답장 (2)

■ 등산 제안 편지

Salut Paul,

Ça va bien ? Tu as bien passé tes vacances ? Ce samedi, j'irai faire de l'escalade dans le Bookhansan avec quelques amis à moi que tu connais aussi. Veux-tu nous rejoindre ? Nous partirons à 6 heures de chez moi.

Dans l'attente de ta réponse,

Luc

Vocabulaire et expressions

faire de l'escalade 등산하다

connaître (사람을) 알다, (와) 친분이 있다

해석

안녕 폴,

잘 지내니? 휴가 잘 보냈어? 나는 이번 토요일에, 너도 잘 알고 있는 내 친구들과 함께 북한산을 등반하려고 해. 우리와 함께 가지 않을래? 우리 집에서 6시에 출발할 거야. 너의 대답을 기다리며,

■ 승낙의 답장

Cher Luc,

Mes vacances se sont très bien passées. Je me suis vraiment bien détendu et j'étais très satisfait du programme du club de voyage que j'ai pris. Le programme de sport était parfait. J'ai fait de l'équitation, du tennis et de la natation. Ce samedi je ne suis pas pris pendant toute la journée, je vous rejoindrai donc à 6 heures sans souci. J'en profiterai pour te montrer toutes les photos que j'ai prises là-bas.

Au plaisir de te revoir,

Paul

Vocabulaire et expressions

se détendre 몸을 편안하게 하다, 휴식하다
satisfait(e) de ~에 대해 만족한
le club de voyage 여행 클럽
parfait(e) 완전한, 완벽한
faire de l'équitation 승마를 하다
faire du tennis 테니스를 하다
faire de la natation 수영을 하다
toute la journée 하루 종일
sans souci 근심 걱정 없이, 편하게
profiter de ~을 이용하다

해석

친애하는 뤽에게,

나는 휴가를 아주 잘 보냈어. 편안히 휴식을 잘 취했고, 예약했던 여행 클럽 프로그램도 아주 좋았어. 스포츠 프로그램은 완벽했어. 승마도 하고, 테니스도 치고, 수영도 했어. 이번 토요일에 나는 하루 종일 다른 약속이 없어. 그러니 6시에 너희들과 함께 별 문제 없이 떠날 수 있어. 그날 내가 거기서 찍은 모든 사진들을 보여줄게. 너를 다시 보는 것을 고대하며,

■ 거절의 답장

Cher Luc,

J'ai passé de très bonnes vacances. J'ai pris énormément de photos. Je te les montrerai un jour et je te raconterai mon voyage. Comme j'adore la randonnée, j'ai vraiment envie de vous rejoindre, mais je suis malheureusement occupé ce samedi. C'est vraiment dommage, ça aurait pu être une bonne occasion pour se voir et passer un bon moment ensemble. J'espère que vous profiterez bien de cette randonnée et que vous aurez du beau temps.

Amicalement,

Paul

Vocabulaire et expressions

être occupé(e) 바쁜, 일에 매인
ce samedi 이번 토요일
C'est dommage. 그것은 유감스러운 일이다.
un beau temps 화창한 날씨, 좋은 날씨

해석

친애하는 뤽에게,

나는 아주 멋진 휴가를 보냈어. 그리고 그곳에서 사진을 엄청 많이 찍었어. 언제 내가 너에게 사진도 보여주고 여행에 대해서도 얘기해 줄게. 내가 트래킹을 좋아하기 때문에 너희들과 함께 북한산에 정말로 가고 싶어. 그런데 아쉽게도 이번 주 토요일에 일이 많아. 정말 미안해. 우리가 서로 만나서 다 같이 즐거운 시간을 가질 수 있는 좋은 기회가 될 수 있었을 텐데. 즐거운 트래킹이 되기를 바라고, 그날 날씨도 좋기를 바란다. 우정으로,

⑤ 집 방문 제안 편지 및 답장

■ 집 방문 제안 편지

Chère Caroline,

Tu vas bien ? Nous venons de déménager à Aix. C'est une jolie ville près de Marseille. Mon mari commence à travailler dans une entreprise, et tout se passe bien pour lui. Les enfants aiment aussi leur nouvelle école. Par contre moi, je n'ai pas encore trouvé de travail, et du coup j'ai pas mal de temps libre. Comme nous avons un grand appartement, je me suis dit que tu pourrais venir nous voir et rester chez nous pendant les vacances d'hiver. Cela me ferait très plaisir de discuter et passer du temps avec toi.

Amicalement,

Françoise

Vocabulaire et expressions

déménager 이사하다
la ville 도시
joli(e) 예쁜, 멋진
près de ~가까이에
commencer à+inf ~하기 시작하다
Tout se passe bien. 모든 일이 잘 된다.
nouveau(nouvelle) 신규의, 새로 교체한
l'école 학교
trouver du travail 일자리를 구하다(찾다)
du coup 그래서, 그 결과로
pas mal de temps libre 많은 여가 시간
se dire que+ind 속으로 말하다, 생각하다
rester 체류하다, 머무르다
les vacances d'hiver 겨울방학
discuter 토론하다, 의견을 나누다
passer du temps avec qn ~와 시간을 보내다

해석

친애하는 카롤린에게,

잘 지내니? 우리는 얼마 전에 엑스로 이사왔어. 엑스는 마르세이유 근처에 있는 예쁜 도시야. 남편은 회사에서 일을 시작했고, 모든 것이 잘 되어가고 있어. 아이들도 새로운 학교를 좋아해. 그런데 나는 아직 일을 찾지 못했어. 그래서 시간적 여유가 많아. 우리 아파트가 크기 때문에 네가 이번 겨울 방학 동안 우리를 보러 올 수 있다면, 우리 집에서 함께 지낼 수도 있겠다는 생각을 해봤어. 너와 대화도 나누고 함께 시간을 보낸다면 나는 아주 기쁠 것 같아. 우정으로,

■ 승낙의 답장

Chère amie,

Je suis ravie de recevoir tes nouvelles. Tu me manques beaucoup. Je n'arrive pas à imaginer que tes enfants vont déjà à l'école. J'espère qu'ils ont bien grandi. Est-ce que t'as pu récupérer de la fatigue du déménagement ? Comme je n'ai pas de plan pour les vacances d'hiver, je viendrai avec plaisir passer quelques jours chez vous à Aix. J'ai hâte de vous voir. En tout cas, je te remercie de m'avoir invitée chez toi.

Amicalement et à très bientôt,

Caroline

Vocabulaire et expressions

la nouvelle 소식, 정보
arriver à+inf (상태, 목표 수준에) 이르다, 도달하다,
imaginer 상상하다, 생각하다
grandir 자라다, 성장하다
récupérer 회복하다
la fatigue 피로, 피곤
le déménagement 이사, 이삿짐
le plan (외출 · 여흥 따위의) 계획, 생각
avoir hâte de+inf 속히 …하고 싶어하다
en tout cas 어쨌든, 하여튼

해석

친애하는 친구에게,

너의 소식을 듣고 너무 기뻤어. 네가 많이 그립다. 너의 아이들이 벌써 학교에 다닌다는 것이 상상이 안 되네. 아이들이 잘 컸기를 바래. 이사로 인해 피곤했을 텐데 다 풀렸니? 나는 이번 겨울 방학에 별 다른 계획이 없기 때문에, 엑스의 너의 집에 기꺼이 며칠 보내러 갈 수 있어. 너희들이 빨리 보고 싶다. 아무튼, 너희 집에 나를 초대해 줘서 고마워. 우정을 전하며 곧 만나자,

■ 거절의 답장

Chère Françoise,

Je suis ravie de recevoir de tes nouvelles. Tu me manques beaucoup. Je n'arrive pas à imaginer que tes enfants vont déjà à l'école. J'espère qu'ils ont bien grandi. Est-ce que ton mari et toi allez bien ? N'êtes-vous pas trop fatigués après le déménagement ? Merci de m'avoir invité chez toi, mais pendant les vacances d'hiver, j'irai en Chine avec mon petit ami. C'est dommage qu'on ne puisse pas se voir pendant ces vacances, mais pendant les vacances de printemps, je serai libre. Est-ce qu'on pourra se voir à cette période-là ? Tiens-moi au courant.

Amicalement,

Caroline

Vocabulaire et expressions

fatigué(e) 피곤한
en Chine 중국에(서)
les vacances de printemps 봄 방학
cette période-là 그 기간
tenir au courant 소식을 알리다

해석

친애하는 프랑수아즈에게,
너의 소식을 받고 너무 기뻤어. 네가 많이 그리워. 너의 아이들이 벌써 학교에 다닌다는 것이 상상이 안 돼. 아이들이 잘 자랐기를 바래. 네 남편과 너는 잘 지내지? 이사하고 나서 피곤하지는 않니? 너희 집에 나를 초대해 줘서 고마워. 그런데 이번 겨울 방학에 나는 남자 친구와 함께 중국에 가려고해. 이번 겨울 방학에 만날 수 없어서 아쉽지만 봄 방학에는 시간적 여유가 많을 거야. 그때 만나는 것은 어떠니? 내게 가능한지 알려줄래. 우정으로,

3. 다양한 부탁, 요청 편지 및 답장

❶ 돈을 빌려달라는 부탁 편지 및 답장

■ 돈을 빌려달라는 부탁의 편지

Chère Anne,

Tu vas bien ? Je t'écris pour te demander un grand service. Pourrais-tu me prêter 650 euros ? Je traverse en ce moment une période financièrement assez difficile. Mon entreprise m'a licenciée il y a deux mois et je suis au chômage. Je dois payer le loyer de ce mois. Si tu m'avances la somme, je te la rembourserai le mois prochain.

Amicalement,

Laura

Vocabulaire et expressions

demander un grand service 도움을 요청하다, 부탁하다
prêter qch à qn ~에게 ~을 빌려주다, (돈을) 꿔주다
traverser (시대를) 살다, 보내다
en ce moment 지금, 현재
une période 기간, 시기
financièrement 금전적으로, 재정적으로
difficile 힘든, (처지 · 상황 · 시기 따위가) 곤란한, 난처한
licencier 해고하다, 파면하다
il y a+시간 …전에
être au chômage 실직중이다
payer (세금 · 집세 따위를) 치르다, 내다
le loyer 집세, 임대료
avancer à qn ~에게 빌려주다, 대부하다, 가불하다
la somme 금액
rembourser 갚다, 상환하다
le mois prochain 다음 달

해석

친애하는 안나에게,

잘 지내니? 너에게 큰 도움을 부탁하려고 이 편지를 써. 내게 650 유로를 빌려 줄 수 있겠니? 현재 나는 재정적으로 아주 힘든 시기에 처해있어. 두 달 전에 회사에서 해고됐고 그래서 지금 실업자야. 이번 달 집세를 내야만 해. 네가 돈을 빌려주면, 다음 달에 그 돈을 갚을게. 우정으로,

■ 승낙의 답장

Chère Lara,

Je viens de voir ta lettre dans ma boîte aux lettres. Je m'excuse pour mon retard. J'étais aux États-Unis pendant mes vacances. Je peux effectivement te donner de l'aide pour ton loyer. Je t'enverrai 650 euros dès demain car aujourd'hui je suis très occupée. Tu n'as pas besoin de te dépêcher pour le remboursement. Tu me rendras la somme quand ta situation ira mieux. Chaque personne passe toujours dans sa vie une période difficile. Ne te décourage surtout pas.

Amicalement,

Anne

Vocabulaire et expressions

la boîte aux lettres 우편함
aux États-Unis 미국에(서)
effectivement 확실히, 정말로 그렇게
l'aide 도움, (경제 · 재정적) 지원
envoyer 보내다, 부치다
dès demain 내일 즉시
avoir besoin de+inf …이(하는 것이) 필요하다
se dépêcher 서두르다
le remboursement 상환
rendre (빌린 것 · 맡긴 것 따위를) 돌려주다
la situation (개인의) 입장, 처지, 상황
aller mieux (건강 · 사정이) 나아지다, 호전되다
chaque 각각의, 각자의
la personne 사람
se décourager 낙담하다, 의기소침하다

해석

친애하는 라라에게,

방금 전에 우편함에서 너의 편지를 봤어. 늦게 답장해서 미안해. 나는 휴가 기간 동안 미국에 있었어. 당연히 집세를 내도록 도와 줄 수 있지. 오늘은 내가 너무 바쁘니 내일 650 유로를 보낼게. 서둘러서 돈을 갚을 필요는 없어. 네 상황이 나아지면 그때 갚아도 돼. 사람은 누구나 항상 어려운 시기가 있어. 크게 낙심하지 마. 진심을 전하며,

■ 거절의 답장

Chère Lara,

Je viens de voir ta lettre dans ma boîte à lettre. Je m'excuse pour ce retard, ainsi que pour mon refus. Je suis vraiment désolée mais je ne suis pas dans les meilleures conditions pour t'aider. J'ai déjà une très grande somme d'argent à rembourser à la banque, du coup je n'ai pas assez d'argent non plus pour payer mon loyer. J'espère que tu trouveras rapidement une autre personne qui pourra t'aider.

Amicalement,

Anne

Vocabulaire et expressions

ainsi que 그리고 또, 및
le refus 거부, 거절
les meilleures conditions 최상의 조건
la banque 은행
du coup 그래서, 그 결과로
non plus …도 또한 (…이 아니다)
rapidement 빨리, 순식간에

해석

친애하는 라라에게,

방금 전에 우편함에서 너의 편지를 봤어. 답장이 늦어서, 그리고 너의 부탁을 거절할 수 밖에 없어서 미안해. 정말로 유감스럽지만 나도 너를 도와 줄 수 있는 아주 좋은 상황이 아니야. 큰 액수의 돈을 은행에다 상환해야 하거든. 그러다보니 나도 집세를 낼 돈이 충분하지 않아. 너를 도울 수 있는 다른 누군가를 빨리 찾을 수 있기를 바래, 우정으로,

❷ 집을 돌봐달라는 부탁 편지 및 답장

■ 집을 돌봐달라는 부탁의 편지

Cher Jérôme,

J'ai un grand service à te demander. Comme tu le sais, je pars en voyage d'affaires en Chine pendant trois mois. Pourrais-tu passer chez moi une fois par semaine pour relever les courriers, aérer l'appartement et t'occuper de mon chat ? Je sais que je te demande un gros travail, j'espère que tu pourras m'aider. Dans l'attente de ta réponse.

Je t'embrasse,

Jean

Vocabulaire et expressions

un grand service 커다란 도움
comme tu le sais 너도 알다시피
partir en voyage d'affaires 출장을 떠나다
une fois par semaine 일주일에 한번
relever 모으다, 걷다
le courrier 우편물
aérer 환기시키다, 통풍시키다
s'occuper de+qch/qn (을) 돌보다, (에) 전념하다
le chat 고양이
gros(se) 굵은, 두꺼운, 큰

해석

친애하는 제롬에게,

너에게 큰 도움을 부탁하려고 해. 너도 알다시피, 내가 3개월 동안 중국으로 출장을 가잖아. 그래서 네가 일주일에 한 번 우리 집에 들러서 우편물을 수거하고, 아파트를 환기시키고, 내 고양이도 돌봐 줄 수 있는지 알고 싶어? 내가 너에게 큰 일을 부탁한다는 거 잘 알아. 그런데 네가 좀 도와주었으면 좋겠어. 너의 대답을 기다리며. 잘 지내,

■ 승낙의 답장

Cher Jean,

Je peux bien sûr t'aider pendant ton absence. Je relèverai tes courriers et aérerai l'appartement. Et ne t'inquiète pas pour ton chat. Je vais le prendre chez moi et m'en occuper. Cela ne me dérange pas du tout. Je te souhaite un bon voyage d'affaires en Chine.

Bon travail et à bientôt,

Jérôme

Vocabulaire et expressions

bien sûr 물론
s'inquiéter 걱정하다, 불안해하다
déranger 방해하다, 훼방놓다
pas du tout 전혀 …이 아니다

해석

친애하는 장에게,

당연히 네가 출장 가 있는 동안 도와줄 수 있지. 네 우편물을 수거하고 아파트를 환기시켜 놓을게. 그리고 고양이는 걱정하지 마. 내가 네 고양이를 집으로 데려와서 돌봐줄게. 전혀 어려운 일이 아니야. 중국에서 일을 잘 마칠 수 있기를 빌어. 일 잘 하고 곧 만나자,

■ 거절의 답장

Cher Jean,

Je suis désolé mais je ne peux pas t'aider. En fait le mois prochain, j'irai en Afrique pendant deux mois. Après mon retour, j'aurai beaucoup de choses à régler et je n'aurai pas le temps pour m'occuper de ta maison et de ton chat. Je te souhaite un bon voyage d'affaires, et j'espère que tu pourras trouver une personne qui te rendra service.

Amicalement,

Jérôme

Vocabulaire et expressions

en Afrique 아피리카에(서)
le retour 돌아옴[감], 귀로
régler 해결하다
avoir le temps pour ~할 시간이 있다
rendra service à qn …에게 도움을 주다

해석

친애하는 쟝에게,

미안하지만 너를 도울 수 없을 것 같아. 사실 나는 다음 달에 아프리카에 2개월 동안 가 있을 예정이야. 돌아와서 해결해야 할 일들이 많을 것 같아. 그래서 너의 집과 고양이를 돌볼 시간이 없을 것 같아. 중국에서 일 잘하길 빌어. 그리고 너를 도와줄 누군가를 찾을 수 있기를 바래. 우정으로,

❸ 마중 나와 달라는 부탁 편지 및 답장

■ 마중 나와 달라는 부탁 편지

Salut Marie,

Tu vas bien ? J'ai une bonne nouvelle à t'annoncer. Je pars en France dans deux semaines pour étudier le français pendant un an. Je me suis déjà inscrite à l'université de la Sorbonne par l'internet. Comme je ne connais pas bien la France, surtout Paris, j'aimerais savoir si tu peux venir me chercher à l'aéroport pour m'accompagner jusqu'à mon hôtel. J'arriverai à l'aéroport de Charles de Gaulle le 10 novembre à 15 heures 30. Je serai très heureuse de te revoir. Dans l'attente de ta réponse.

Amicalement,

Samin

Vocabulaire et expressions

annoncer 알리다, 기별하다
s'inscrire à ~에 등록하다, 가입하다
par l'internet 인터넷으로
la France 프랑스
j'aimerais+inf 나는 ~하고 싶다
venir chercher qn ~를 찾으러 오다, 마중을 나오다
l'aéroport 공항
accompagner 동반(동행)하다, 인솔하다
jusqu'à ~까지
novembre 11월

해석

안녕 마리,

잘 지내니? 너에게 기쁜 소식을 알려줄 게 있어. 내가 1년 동안 프랑스어를 배우려고 2주 후에 프랑스로 떠나게 됐어. 인터넷으로 소르본 대학에 이미 등록했어. 그런데 프랑스 특히 파리를 잘 몰라서 그러는데, 네가 공항으로 마중 나와서 호텔까지 나를 데려다줄 수 있는지 알고 싶어. 11월 10일 오후 3시 30분에 샤를 드 골 공항에 도착해. 너를 다시 만나면 너무 기쁠 거야. 너의 대답을 기다리며. 우정으로,

■ 승낙의 답장

Chère Samin,

Je suis ravie d'avoir eu cette bonne nouvelle. Le 10 novembre, je n'ai pas de cours heureusement. Je peux aller te chercher à l'aéroport avec ma nouvelle voiture sans problème. C'est vrai que la Sorbonne propose des programmes très riches pour les cours de langue. Quand je suis rentrée en France après mes études en Corée pendant 6 mois, j'y ai suivi quelques cours de coréen, c'était très satisfaisant. Je pense que tu l'apprécieras aussi.

Amitiés et à très bientôt,

Marie

Vocabulaire et expressions

la bonne nouvelle 좋은 소식
le cours 강의
la voiture 자동차
sans problème 문제없이, 쉽게
c'est vrai que ~한 것은 사실이다
riche 풍부한, 다채로운
le cours de langue 어학 강의
rentrer (같은 장소로) 다시 들어오다(가다), 되돌아오다
suivre (강의 따위를) 수강하다
satisfaisant(e) 만족한
apprécier 높이 평가하다, 존중하다

해석

친애하는 사민에게,

이런 좋은 소식을 듣게 되어 너무 기쁘다. 다행히 나는 11월 10일에 수업이 없어. 내 새 차를 가지고 공항으로 너를 마중 나갈게. 소르본느 대학이 아주 다양한 어학 연수 프로그램을 운영하는 것은 사실이야. 내가 6개월 동안 한국에서 공부를 한 후 프랑스로 다시 돌아 와서 소르본 대학에서 한국어 수업 몇 개를 들었는데, 정말 좋았어. 너도 수업에 만족하리라 생각해. 우정을 전하며 곧 만나자,

■ 거절의 답장

Chère Samin,

Bonjour,
J'ai bien reçu ta lettre. Quelle bonne nouvelle ! Je serai ravie de te revoir. Par contre je suis vraiment désolée, mais je ne pourrai pas aller te chercher à l'aéroport car je suis déjà prise ce jour-là. Il s'agit d'un rendez-vous prévu depuis deux semaines. C'est vrai que la Sorbonne propose des programmes efficaces pour les cours de français. Je pense que tu as fait un très bon choix. Je m'excuse encore pour mon indisponibilité pour le jour de ton arrivée. J'ai par contre demandé à un ami de ma classe s'il peut aller te chercher à ma place. Il me dit que c'est possible. Je te laisse son adresse e-mail : monvert068@japprendslefrancais.com

Amicalement,

Marie

Vocabulaire et expressions

quel(le) (감탄사) 얼마나 큰, 놀라운, 굉장한
il s'agit de+qch/qn …에 관계[관련]되다, 문제되다
efficace 효과가 있는, 효과적인
le choix 선택, 선정
l'indisponibilité사용(처분)할 수 없음
l'arrivée 도착
à la place de+qn/qch (…의) 대신에, …의 입장에
l'adresse e-mail 이메일 주소

해석

친애하는 사민에게,

안녕, 너의 편지 잘 받았어. 이런 기쁜 소식을 듣게 되다니! 너를 다시 보게 되면 너무 기쁠거야. 그런데 정말 미안하지만 그날 나는 이미 다른 약속이 잡혀서 너를 데리러 공항에 나갈 수가 없어. 이 약속은 2주 전부터 예정되어 있었어. 소르본느 대학이 아주 효과적인 프랑스어 수업 프로그램을 운영하고 있는 것은 사실이야. 네가 아주 좋은 선택을 했다고 생각해. 네가 도착하는 날 마중 나갈 수 없어서 다시 한번 미안하게 생각해. 그런데 내 반 친구한테 내 대신 너를 데리러 나갈 수 있는지 물어 봤는데, 그가 가능하다고 했어. 그의 이메일 주소를 보낼게 : monvert068@japprendslefrancais.com. 우정으로,

4 당신은 친구들을 오늘 저녁 식사에 초대했습니다. 그런데 당신은 급한 일이 생겨 식사준비를 할 수 없게 되었습니다. 친구들에게 이 사실을 알리면서 시장을 봐서 음식준비를 해줄 것을 요청하는 편지를 씁니다.

Bonjour les amis,

Je vous laisse un message pour vous demander quelque chose. Normalement, je vous ai invités à dîner chez moi ce soir à 19 heures. Le problème est qu'il y a deux heures, ma copine a eu un accident de voiture, et je dois aller la voir à l'hôpital. Apparemment, elle doit y rester pendant trois semaines. En tout cas, je pense que j'arriverai chez moi vers 20 heures. Pourriez-vous, si cela ne vous dérange pas, acheter quelque chose à manger ou bien faire les courses et commencer à cuisiner un plat que vous voulez manger ? Je suis vraiment désolée. Je rentrerai le plus vite possible.

Merci beaucoup,

Marion

Vocabulaire et expressions

laisser un message à qn 메세지를 남기다
normalement 정상적으로, 보통으로
inviter qn à+dîner …을 저녁 식사에 초대하다
la copine 여자친구
l'accident de voiture 자동차 사고
apparemment 언뜻 보아, 아마도, 십중팔구는
si cela ne vous dérange pas 방해되지 않는다면
quelque chose à manger 먹을 것
faire les courses 시장보다
commencer à+inf ~을 시작하다
cuisiner un plat 요리를 만들다

해석

안녕 친구들,
너희들에게 뭔가를 부탁하려고 이 메시지를 남겨. 정상대로라면 오늘 저녁 7시에 우리 집에서 저녁 식사하자고 너희들을 초대했잖아. 그런데 2시간 전에 내 여자 친구가 교통 사고를 당했어. 그래서 그 친구를 보러 병원에 가야 해. 아마도 3주 동안 병원에 입원해 있어야 할 것 같아. 어쨌든 나는 저녁 8시경에나 집에 도착할 수 있을 것 같아. 너희들이 괜찮다면, 먹을 것을 사거나 아니면 시장을 봐줄 수 있겠니? 그리고 너희들이 먹고 싶은 것을 먼저 요리해 줄 수 있겠니? 정말 미안해. 가능한 한 빨리 들어가도록 할게. 고마워,

5 당신은 몬트리올에서 일을 하게 되었습니다. 당신은 당신 친구에게 도착시간을 알려주면서 공항으로 마중 나올 수 있는지, 호텔을 예약해 줄 수 있는지를 묻는 편지를 씁니다.

Bonjour Michel,

Ça fait longtemps qu'on ne s'est pas contacté. J'ai une nouvelle à t'annoncer. Je vais au Canada le mois prochain car j'ai trouvé un travail à Montréal. J'aimerais savoir si tu pourras venir me chercher à l'aéroport. J'y arriverai le 3 mars. De plus, pourrais-tu me réserver un hôtel au centre-ville ? Je ne connais absolument rien sur le Canada. Merci beaucoup.

Dans l'attente de ta réponse,

Jason

Vocabulaire et expressions

se contacter 서로 연락하다
au Canada 캐나다에(서)
de plus 게다가, 그 위에
réserver 예약하다
le centre-ville 도심, 시내
absolument 절대적으로
sur ~에 관해

해석

안녕 미셸,

우리가 서로 연락 안 한지 꽤 오래됐네. 네게 전해줄 기쁜 소식이 있어. 내가 몬트리올에 직장을 구해서 다음 달에 캐나다로 가게 됐어. 그래서 네가 공항으로 마중나와 줄 수 있는지 알고 싶어. 3월 3일에 공항에 도착해. 그리고 또 하나 시내에 있는 호텔방 하나를 예약해 줄 수 있겠니? 캐나다에 대해 아무것도 몰라서. 고마워. 너의 대답을 기다리며,

6 당신은 한국에서 관광학 학사를 마쳤고, 프랑스에서 국제 관광학을 계속해서 공부하고자 합니다. 당신은 학교 비서에게 필요한 서류를 요청하는 편지를 씁니다.

Madame,

Je vous écris, car je suis intéressé par la formation sur le tourisme international proposée par votre université. Je suis Coréen, j'ai un diplôme de licence en tourisme. Je souhaite continuer mes études en France. Pourriez-vous m'envoyer la liste des documents à préparer pour l'inscription ? Je vous remercie encore une fois et j'attendrai votre réponse.

Je vous prie, Madame, d'agréer l'expression de mes sentiments dévoués.

Jinyop KIM

Vocabulaire et expressions

car 왜냐하면, … 이니까
la formation 교육, 연수
le tourisme international 국제관광학
le diplôme de licence en tourisme 관광학 학사학위
souhaiter+inf 바라다, 언하다
la liste des documents 자료 목록
l'inscription 기입, 등록
Je vous prie, Monsieur, d'agréer l'expression de mes sentiments dévoués. (편지 끝 인사말) 경구(敬具)

해석

비서님 귀하,

저는 당신 대학에서 운영하는 국제 관광 교육에 관심이 있어 당신께 이 편지를 씁니다. 저는 한국 사람이고 관광학 학사 학위가 있습니다. 저는 프랑스에서 제 학업을 계속하고 싶습니다. 등록하기 위해 준비해야 할 서류 목록을 저에게 보내주실 수 있으십니까? 다시 한 번 감사드리며, 당신의 대답을 기다리겠습니다. 경구,

7 당신은 교환학생으로 프랑스에 가게 되었습니다. 기숙사 사감에게 당신의 룸메이트가 누구인지, 그의 주소를 알 수 있는지 등을 요청하는 편지를 씁니다.

Madame,

Je m'appelle Min-Hyuk et je suis Coréen. Le mois prochain, je vais en France dans le cadre d'un échange scolaire. Je vous envoie cette lettre pour savoir qui sera mon colocataire. Pourrais-je avoir ses coordonnées ? J'aimerais lui écrire un e-mail pour prendre contact.

Dans l'attente de votre réponse,

Min-Hyuk

Vocabulaire et expressions

le mois prochain 다음 달
dans le cadre de …의 범위 내에서, …의 일환으로
l'échange scolaire 학교 교환 프로그램
colocataire 룸메이트
les coordonnées 연락처
prendre contact 연락을 취하다

해석

사감님 귀하,

제 이름은 민혁이라고 합니다. 그리고 한국 사람입니다. 다음 달에 학교 교환 프로그램의 일환으로 프랑스에 가게 되었습니다. 그래서 제 룸메이트가 누구인지 알고 싶어서 당신께 이 편지를 보냅니다. 제 룸메이트의 연락처를 알 수 있을까요? 이메일을 보내 그와 연락을 취하고 싶습니다. 당신의 대답을 기다리며,

8 당신은 친구와 방을 나눠 쓰고 있습니다. 당신은 외출하여 일요일에 돌아올 예정입니다. 이 사실을 친구에게 알리면서 일요일 저녁식사를 위해 시장을 봐줄 수 있는지 묻는 편지를 씁니다.

Coucou !

Je voulais te dire au revoir mais tu n'étais pas là. De plus, j'étais en retard, donc je suis parti rapidement en te laissant un message sur la table. Je vais chez ma grand-mère qui habite en Bretagne pendant quelques jours, et je reviens dimanche soir. Pourrais-tu faire quelques courses pour le repas du dimanche soir ? J'amènerai du bon fromage breton pour nous. J'espère que tu travailleras bien sans moi. Tu me manqueras.

Merci et à bientôt,

Christophe

Vocabulaire et expressions

dire au revoir à+qn …에게 (작별)인사를 하다
être en retard 늦다
rapidement 빨리, 급히
pendant quelques jours 며칠 동안
faire les courses 장을 보다
amener 가져오다
le fromage 치즈

해석

안녕,

너에게 인사를 하고 싶었는데 네가 집에 없었어. 게다가 내가 너무 늦어서, 테이블 위에 메시지를 남기고 급히 떠나. 나는 브르타뉴에 사시는 할머니 댁에 몇 일 동안 가 있을 거야. 일요일 밤에 집으로 돌아올 거고. 일요일 저녁 식사를 위해 시장을 좀 봐줄 수 있겠니? 내가 브르타뉴의 치즈를 가져갈게. 나 없이도 네가 일을 잘 하고 있기를 바래. 네가 보고 싶을 거야. 고마워 그리고 곧 보자,

9 당신은 프랑스로 연수를 떠나야 합니다. 연수를 하는 지역에 당신 친구가 살고 있습니다. 당신은 그 친구에게 방을 구해달라는 부탁의 편지를 씁니다.

Cher Pierre,

Je suis Minji. Ça va ? Tu me manques beaucoup ! En fait je t'envoie cette lettre parce que j'ai besoin de ton aide. C'est très urgent. La semaine prochaine j'irai là où tu habites en France pour mon stage, mais je n'ai pas encore trouvé d'hébergement. J'ai vraiment besoin de ton aide pour trouver un studio. Si tu ne peux pas, est-ce que tu pourrais me présenter quelqu'un qui pourrait me donner un coup de main ? Je n'ai pas confiance aux gens sur Internet et tu es le seul ami sur qui je peux compter. J'espère que tu pourras me répondre rapidement.

À bientôt et merci beaucoup,

Minji

Vocabulaire et expressions

avoir besoin de+qch/qn/inf …이(하는 것이) 필요하다
l'aide 도움, 조력
urgent(e) 긴급한, 화급한, 절박한
le stage 실습(기간), 연수(기간)
l'hébergement 숙박
le studio (방 하나로 된) 단칸 아파트
présenter qn à qn ~를 ~에게 소개하다
donner un coup de main 도움을 주다
avoir confiance à qn 신뢰하다
gens (수가 정해지지 않은) 사람들, (총칭으로서의) 사람
le seul ami 유일한 친구
compter sur qn/qch ~를 믿다, 기대하다

해석

친애하는 피에르에게,

나 민지야. 잘 지내지? 네가 많이 보고 싶다! 사실은 너의 도움이 필요해서 이 편지를 보내는 거야. 아주 급한 사정이야. 다음 주에 나는 인턴쉽을 하러 네가 사는 프랑스에 가게 됐어. 그런데 아직 숙소를 찾지 못했어. 스튜디오 하나를 구하려 하는데 너의 도움이 필요해. 만약 네가 할 수 없다면, 나를 도울 수 있는 사람을 소개시켜 줄 수 있겠니? 나는 인터넷에 있는 사람들을 신뢰하지 않아. 그리고 너는 내가 믿을 수 있는 유일한 친구잖아. 빨리 대답해 줄 수 있기를 바래. 곧 보자 그리고 고마워,

10 당신은 어제 저녁부터 몸이 아파 수영 레슨에 갈 수가 없습니다. 당신은 친구에게 레슨에 같이 갈 수 없음을 그리고 선생님에게 자신이 아프다는 것을 알려달라는 이메일을 씁니다.

Salut !

Je suis désolée mais je pense que je ne pourrai pas aller à la piscine aujourd'hui car je suis très malade. J'ai un rhume depuis hier et j'ai 39 de fièvre aujourd'hui. Pour l'instant je me repose à la maison, mais si je suis toujours dans le même état demain, j'irai voir le médecin. Pourrais-tu expliquer mon état au professeur ? Ne t'inquiète pas trop pour moi, je te rejoindrai au cours de natation la semaine prochaine.

Marie

Vocabulaire et expressions

la piscine 수영장
être malade 아프다
avoir un rhume 감기에 걸리다
avoir de la fièvre 열이 있다
pour l'instant 당분간은, 당장에는
même (명사 앞) 같은
l'état (심신의) 상태, 처지
aller voir le médecin 병원에 가다
expliquer 설명하다, 알려주다
s'inquièter 걱정하다, 불안해하다
rejoindre 다시 만나다, 합류하다
le cours de natation 수영 강습

해석

안녕!

미안해. 내가 너무 아파서 오늘 수영장에 갈 수 없을 것 같아. 어제부터 감기에 걸렸고, 오늘은 열이 39도나 올랐어. 지금은 집에서 쉬고 있지만 내일도 여전히 같은 상태면 병원에 가려고 해. 내 상황을 선생님에게 설명해 줄 수 있겠니? 그리고 나에 대해서는 너무 걱정하지 마. 다음 주에는 너와 같이 수영 강습에 갈 수 있을 거야.

11 당신은 친구와 방을 나눠 쓰고 있습니다. 고장 난 세탁기를 고치러 수리공이 오기로 되어 있는데 당신은 나가야 합니다. 집으로 곧 들어올 당신 친구에게 이 상황을 알리는 편지를 씁니다.

Coucou !

Je dois aller à la bibliothèque, car j'ai beaucoup de devoirs en ce moment. Je compte y rester pendant trois heures. Je te préviens que le dépanneur va passer chez nous vers 16 heures pour réparer notre machine à laver. Pourras-tu lui expliquer la situation et payer la réparation ? Je te rembourserai la moitié tout à l'heure.

Merci et bises,

Hélène

Vocabulaire et expressions

le devoir 숙제, 과제
en ce moment 지금, 현재
compter+inf (예상 · 기대 · 의도) …하리라 생각하다
prévenir 알리다, 예고하다
le dépanneur 고장 수리공
réparer 수리하다, 고치다
la machine à laver 세탁기
la réparation 수리, 수선
la moitié반, 절반
tout à l'heure 곧, 조금 후에

해석

안녕,
내가 요즘 숙제가 너무 많아서 바로 도서관에 가야만 해. 3시간 정도 도서관에 있다 올 생각이야. 그런데 오후 4시 경에 우리 세탁기를 수리하러 수리공이 집으로 오기로 되어 있어. 그에게 상황을 설명해주고 수리비를 지불해 줄 수 있겠니? 수리비의 반은 곧 돌려줄게. 고마워 그리고 이따 봐,

12 당신은 공개퀴즈 대회에서 자전거를 수상하게 되었다는 내용과 함께 배달할 주소를 알려달라는 편지를 받습니다. 당신은 약속 날짜를 잡는 답장을 씁니다.

Madame,

Vous êtes l'heureuse gagnante de notre jeu-concours. Vous avez gagné le deuxième prix et c'est avec un grand plaisir que nous vous offrons un vélo. Nous avons besoin de connaître la date et l'heure qui vous conviennent le mieux pour le livrer chez vous.

Meilleures salutations,

Vocabulaire et expressions

gagnante 당첨자, 승리자
le jeu-concours (라디오 · 텔레비전의) 공개 퀴즈 (대회)
gagner (도박 · 복권에서) 따다, 당첨되다
le deuxième prix 2등상
c'est … que 강조 구문
offrir 주다, 제공하다
la date 날짜
convenir à qn …에 맞다, 적절하다, ~의 마음에 들다
le mieux (bien의 최상급) 가장 잘
livrer 배달하다, 인도하다

해석

사모님에게,

당신은 우리 공개 퀴즈 대회에서 행운의 당첨자가 되셨습니다. 당신은 2등상을 받게 되었고, 우리는 당신에게 경품으로 자전거를 드리게 된 것을 매우 기쁘게 생각합니다. 사모님 댁에서 배달받으실 가장 좋은 날짜와 시간을 알고 싶습니다. 감사합니다,

■ 답장

Monsieur,

Je suis très heureuse d'avoir gagné ce vélo. Je suis libre ce samedi. Vous pouvez donc venir me livrer le vélo entre 13 heures et 20 heures. Si ce jour ne vous convient pas, vous pouvez également venir lundi. Je serai toute la journée chez moi. Je vous remercie encore une fois.

Meilleures salutations,

Vocabulaire et expressions

être heureux(se) de+inf ~하여 기쁘다

toute la journée 하루종일

해석

담당자님께,

경품으로 자전거를 받게 되어 정말 기쁘게 생각합니다. 저는 이번 주 토요일에 시간이 됩니다. 13시에서 20시 사이에 자전거를 저에게 배달해 주시면 됩니다. 만일 그 날이 안 된다면 월요일에 오셔도 됩니다. 저는 그날 하루 종일 집에 있을 것입니다. 다시 한번 당신께 감사드립니다.

경구,

4. 다양한 일상 편지

❶ 당신은 당신의 생일을 맞이하여 친구들과 함께 작은 파티를 열고자 합니다. 당신은 초대한 친구들에게 당신이 사는 동네와 찾아오는 길을 알려주는 편지를 씁니다.

Salut tout le monde !

Le 5 avril, c'est mon anniversaire. J'organise une fête chez moi, et j'aimerais vous y inviter tous. Je vous indique comment venir chez moi : Ma maison se situe à Milim dong qui se trouve à Kwan-Ak gu. Descendez à la station de métro Milim, puis traversez le grand boulevard. Ensuite prenez la rue juste en face, et tournez à droite au premier carrefour. Continuez tout droit, puis tournez à gauche au premier feu. Vous verrez une station-service puis un passage après celle-là. Ma maison est juste au bout de ce passage. J'espère que vous pourrez tous venir à ma fête d'anniversaire.

Merci beaucoup et à très bientôt,

Sunja

Vocabulaire et expressions

avril 4월
indiquer 가르쳐주다, 정보를 주다
se situer 위치하다, 자리잡다
se trouver 있다, 존재하다, 발견되다
descendre (탈것에서) 내리다
la station de métro 지하철 역
traverser le grand boulevard 큰 가로수 길을 건너다
prendre la rue (길 · 방향을) 택하다, 접어들다
en face 정면으로, 앞에
juste 바로, 꼭
tourner à droite 오른쪽으로 돌다
le premier carrefour 첫 번째 교차로, 사거리
continuer tout droit 직진하다
tourner à gauche 왼쪽으로 돌다
le feu 신호등
une station-service 주유소
un passage 통로, 지나는 길, 소로(小路)
au bout de ~의 끝에

해석

모두들 안녕!

4월 5일은 내 생일이야. 그래서 우리 집에서 파티를 열어 너희들 모두를 초대하려고 해. 우리 집에 오는 방법을 알려줄게. 내 집은 관악구에 있는 미림동에 있어. 미림 지하철역에서 내려서 큰 대로를 건너. 그런 다음 바로 앞에 있는 길을 따라 첫 번째 교차로에서 우회전을 해. 그리고 계속 직진 한 다음 첫 번째 신호등에서 좌회전을 해. 그러면 주유소가 보일 거고 그 다음에 작은 길이 보일 거야. 우리 집은 바로 이 길 끝에 있어. 너희들 모두 내 생일 파티에 올 수 있기를 바래. 고마워 그리고 곧 만나자,

2 당신은 바닷가로 당신 가족들과 일주일 동안 캠핑을 떠났습니다. 집으로 돌아와서 당신은 캠핑카를 가지고 떠난 이번 여행에 대해 친구에게 편지를 씁니다. 그리고 7월에 다시 캠핑을 떠나고자 하는데 함께 같이 갈 수 있는지 친구에게 제안합니다.

Salut Thomas,

C'est moi, Pierre. Comment vas-tu ? Je t'écris pour te raconter le voyage que j'ai fait avec ma famille la semaine dernière. On est partis au bord de la mer avec le camping-car de mon grand-père. C'était la première fois que j'ai dormi dans un camping-car et c'était génial. On a voyagé à peu près pendant une semaine en passant par les montagnes, et à chaque endroit la vue était magnifique. Chaque jour, on a mangé les poissons que l'on a pêchés nous-même au bord de la mer. De plus, chaque matin, on a pu voir le lever du soleil qui était incroyablement admirable. En le regardant, je me suis dit que cela serait sympathique de le voir avec toi. Je compte refaire ce voyage au mois de juillet, alors veux-tu venir avec moi ? J'attends ta réponse.

À bientôt,

Pierre

Vocabulaire et expressions

raconter 이야기하다, 말하다
faire un voyage 여행을 하다
au bord de la mer 바닷가에
le camping-car 캠핑 카
c'ést la première fois que ~한 것은 처음이다
dormir 자다
à peu près 거의, 대략
la montagne 산
l'endroit 장소, 곳
la vue 조망, 전망
magnifique 매우 아름다운, 멋진
chaque jour 날마다, 매일
le poisson 생선, 물고기
pêcher 낚시하다, 물고기를 잡다
nous-même 우리 자신
chaque matin 매일 아침
le lever du soleil 일출, 해돋이
incroyablement 믿을 수 없을 만큼, 놀랍도록
admirable 감탄 (경탄)할 만한
cela serait sympathique de+inf ~하면 좋을 것 같다
compte+inf (예상 · 기대 · 의도) …하리라 생각하다
refaire 다시 하다
au mois de juillet 7월 달에

해석

안녕 토마,

나 피에르야. 어떻게 지내니? 지난주에 나는 가족과 함께 여행을 했어. 그래서 너에게 얘기해주려고 이 편지를 쓰는 거야. 우리는 할아버지의 캠핑카를 타고 바닷가로 떠났어. 캠핑카에서 잠을 잔 것은 이번이 처음이었는데, 정말 좋았어. 우리는 산을 옮겨 다니면서 대략 일주일 동안 여행했어. 가는 장소마다 풍경이 너무 아름다웠어. 매일 바닷가에서 잡은 물고기를 가지고 요리해 먹었어. 게다가 매일 아침 믿을 수 없을 정도로 아름다운 일출을 보기도 했고. 일출을 보면서, 나는 너와 함께 이 광경을 보면 정말 좋겠다고 생각했어. 나는 7월에 이런 여행을 또 해볼 예정이야. 나와 함께 여행하지 않을래? 너의 대답을 기다리며. 곧 보자,

3 당신은 프랑스에서 6개월을 지냈고, 이제 다시 한국으로 돌아가야 합니다. 당신은 당신 친구들과 마지막 인사를 나누기 위해 친구들을 집으로 초대하는 편지를 씁니다.

Coucou les amis !

Je retourne bientôt en Corée, alors je vous invite tous à une petite fête que j'organise chez moi le samedi 15 février. Ces six mois en France étaient les meilleurs moments de ma vie et tout cela était grâce à vous tous. Je suis content de vous avoir eu comme amis et je vous remercie de m'avoir beaucoup aidé pendant mon séjour. C'est dommage que je rentre déjà. J'espère que vous pourrez tous venir à ma fête et que vous viendrez un jour en Corée pour me voir.

Merci et à bientôt,

Wonsik

Vocabulaire et expressions

coucous les amis 안녕 친구들
organiser une fête 파티를 열다
février 2월
les meilleurs moments 가장 좋은 순간들
grâce à qn/qch (좋은 일에 대해) …덕분에, 덕택에
être content(e) de+inf ~한 것이 기쁘다
comme+무관사 명사 (자격·소속) …로서, …에 관해서
c'est dommage que ~한 것이 유감이다

해석

안녕 친구들!

나는 곧 한국으로 돌아가. 그래서 2월 15일 토요일에 우리 집에서 작은 파티를 열려고 하는데, 거기에 너희 모두를 초대하고 싶어. 프랑스에서의 6개월은 내 인생에서 가장 멋진 순간이었고 이 모든 것은 다 너희들 덕분이야. 너희들을 친구로 사귈 수 있어서 행복했고, 이곳에 있는 동안 나에게 많은 도움을 줘서 진심으로 감사하게 생각해. 한국으로 벌써 돌아간다는 것이 참 아쉬워. 너희들 모두 파티에 참석하기를, 그리고 언젠가 나를 보러 한국에 오기를 바래. 고맙고 곧 보자,

4 당신은 프랑스어 실력을 향상시키기 위해 프랑스 펜팔 친구를 찾고자 합니다. 그러다 한국 펜팔 친구를 찾는 프랑스 사람의 광고를 우연히 보게 됩니다. 당신은 그에게 답장을 씁니다.

Bonjour les Coréens,

Je m'appelle Luc. Je suis étudiant en droit à l'université de Montpellier. L'année dernière, j'étais en Corée pendant deux semestres pour apprendre le coréen. Après, je suis revenu en France pour continuer mes études. Maintenant, je souhaite avoir des correspondants coréens qui savent parler français. Je désire mieux connaître la Corée et surtout améliorer mon coréen. Voici mon adresse e-mail: Luc-11111@monoranger.com J'espère avoir de nombreuses réponses.

Cordialement,

Vocabulaire et expressions

étudiant(e) iant en droit 법과 대학생
apprendre 배우다, 습득하다
le coréen 한국어
correspondant 서신교환자, 펜팔상대
souhaiter+inf ~하기를 바라다, 소망하다
désirer+inf ~하기를 원하다, 바라다
mieux (bien의 비교급) 더 잘, 더 많이
la Corée 한국
améliorer 향상시키다
nombreux(se) 수많은

해석

안녕하십니까?

제 이름은 뤽입니다. 저는 몽펠리에 대학교에서 법학을 전공하는 학생입니다. 작년에 저는 한국에서 두 학기 동안 한국어를 배웠습니다. 이후, 저는 제 학업을 계속하기 위해 프랑스로 돌아왔습니다. 이제는 프랑스어를 할 줄 아는 한국 펜팔 친구를 만나고 싶습니다. 한국에 대해 더 잘 알고 싶고 특히 나의 한국어 실력을 더 향상시키고 싶습니다. 제 이메일 주소는 다음과 같습니다. : Luc-11111@monoranger.com. 많은 답변이 있기를 기대합니다. 진심을 전하며,

■ 답장

Bonjour,

J'ai vu ton annonce par hasard et je te réponds car je cherche aussi un correspondant français. Je m'appelle Minjung. J'ai 23 ans et je suis étudiante dans une université en Corée. Je suis allée en France il y a deux ans pour apprendre le français pendant 6 mois. En ce moment, je vais à l'institut de français pour continuer mon apprentissage. Je souhaite avoir, comme toi, un correspondant qui parle français pour améliorer mon niveau. J'espère qu'on deviendra de bons correspondants. Mon adresse e-mail est : er7@tatamail.com.

Cordialement,

Minjung

Vocabulaire et expressions

l'annonce 광고, 알림
par hasard 우연히, 뜻밖에
répondre à qn (답신을) 보내다
chercher 찾다, 구하다
l'institut de français 프랑스어 학원
l'apprentissage 학습
le niveau 수준
devenir …이 되다

해석

안녕하세요,

저는 우연히 당신의 광고를 보았고, 저 역시 프랑스 펜팔 친구를 찾고 있었기 때문에 당신에게 답장을 씁니다. 제 이름은 민정이고, 23살이며 한국에 있는 대학에서 공부하고 있는 학생입니다. 저는 2년 전에 프랑스에서 6개월간 프랑스어를 배웠습니다. 현재 저는 프랑스어 학습을 계속하기 위해 프랑스 학원을 다니고 있습니다. 저도 당신처럼 제 프랑스어 수준을 향상시키기 위해 프랑스어를 구사하는 펜팔 친구를 만나고 싶었습니다. 우리가 서로 좋은 펜팔 친구가 될 수 있기를 바랍니다. 제 이메일 주소는 er7@tatamail.com입니다. 마음을 전하며,

5 당신은 프랑스 친구에게 당신의 결혼식 사진을 보내면서 당신의 부인을 어떻게 만나게 되었는지에 관한 내용의 편지를 씁니다.

Salut Hugo,

Je t'envoie dans cette lettre une photo de notre mariage où on voit apparaître ma femme à côté de moi. Elle s'appelle Elisabeth, elle est Française et étudiante en quatrième année d'architecture à l'université. Je l'ai rencontrée à Paris, quand je faisais mon stage de 6 mois près de son université. Dès notre première rencontre, elle voulait savoir d'où je venais, et c'est à partir de cette discussion que tout a commencé. Après tout ce qui s'est passé entre nous deux jusqu'à aujourd'hui, je t'avoue que la vie est remplie de surprises. J'en suis sûr que cela t'arrivera aussi ! Je ne dois pas oublier de te dire qu'on va avoir bientôt un enfant ! C'est super, n'est-ce pas ? J'espère qu'on se verra bientôt.

Minwoo

Vocabulaire et expressions

le mariage 결혼, 결혼식
apparaître 나타나다, 보이다
la femme 여자, 여성
à côté de (의) 옆에, (의) 가까이에
étudiant(e) en quatrième année d'architecture 건축학과 4학년 학생
faire le stage 연수 (인턴)를 하다
près de (공간) …가까이에
venir de (로 부터) 오다
à partir de ~로 부터
la discussion 토론, 토의
entre …사이에서(의)
avouer 인정하다
remplir de+무관사 명사 가득 채우다, 메우다
la surprise 놀라움, 뜻밖의 일
j'en suis sûr que ~를 나는 확신하다
oublier de+inf ~을 잊다, 망각하다
super 멋진, 훌륭한
n'est-ce pas ? 안 그렇습니까 ?, 그렇지 않아요 ?

해석

안녕 위고,

이 편지에 우리 결혼식 사진을 넣어 보내. 내 옆에 있는 여자가 내 아내야.
아내의 이름은 엘리자베스야. 프랑스인이고 대학에서 건축학을 전공하는 4학년 학생이야. 내가 그녀의 대학 근처에서 6개월 간 인턴쉽을 할 때, 파리에서 그녀를 만났어. 처음 만났을 때부터 그녀는 내가 어디서 왔는지 알고 싶어 했어. 이 대화로부터 모든 것이 시작됐어. 지금까지 우리 둘 사이에서 일어난 모든 일들을 되돌아보면, 인생은 놀라움으로 가득 차 있는 것 같아. 네게도 이런 일이 일어날 거라고 확신해! 그리고 우리가 곧 아이를 갖게 될 거라는 것도 너에게 말하고 싶다! 정말 멋지지, 그렇지? 우리가 조만간 만날 수 있기를 바란다.

6 당신은 물물교환 및 판매를 하는 인터넷 사이트에서 당신이 찾던 물건을 발견했습니다. 당신은 약속을 잡기 위해 편지를 씁니다.

A-1 Échange : Sac à dos, en très bon état, taille moyenne, en cuir noir

A-2 Échange : Livre de Bernard Werber, un peu abîmé, 2017

A-3 Échange : Chaussures de tennis, en bon état, taille 38, en coton

A-4 Vente : Pantalon femme en coton rouge, en bon état, taille 38, 20€

Vocabulaire et expressions

l'échange 교환
le sac à dos 배낭
en (상태) …의 상태의, (재료 · 구조) …로 된
l'état 상태
la taille (옷에 대한) 몸의 크기, (옷의) 크기, 사이즈
moyen(ne) 중간의
cuir noir 검은색 가죽
abîmé(e) 상한, 망가진
les chaussures de tennis 테니스화
le coton 면
la vente 판매
le pantalon femme 여성 바지
rouge 빨간색의

해석

A-1 교환 : 배낭, 상태 양호, 중간 크기, 검은색 가죽

A-2 교환 : 베르나르 베르나르 책, 약간 파손, 2017

A-3 교환 : 테니스화, 상태 양호, 치수 38, 면 소재

A-4 판매 : 여성용 빨간색 면바지, 상태 양호, 사이즈 38, 20유로

Bonjour,

Je vous écris cette lettre après avoir vu votre annonce A-3 sur le site d'échange et de vente. Je voudrais bien échanger mes bottes en cuir de couleur noire avec vos chaussures de tennis. Vous trouverez une photo de mes bottes en pièce jointe. Je vois que nous avons la même taille et l'état de vos chaussures me convient. Je voudrais fixer un rendez-vous pour l'échange si cela vous convient. Êtes-vous libre ce week-end ? Dans l'attente de votre réponse.

Merci beaucoup,

Vocabulaire et expressions

le site d'échange et de vente 교환 및 판매 사이트
échanger 교환하다
les bottes 부츠
en pièce jointe 첨부파일로
fixer un rendez-vous 약속을 정하다

해석

안녕하세요,

교환 및 판매라는 사이트에서 A-3 광고를 보고 이 편지를 씁니다. 저의 검은색 가죽 부츠를 당신의 테니스화와 교환하고 싶습니다. 제 부츠 사진은 첨부 파일로 보실 수 있습니다. 당신과 제가 발 치수가 같고 당신의 신발 상태도 마음에 듭니다. 저의 제안이 괜찮다면, 신발을 서로 교환하기 위해 약속을 잡고 싶습니다. 이번 주말에 시간이 되십니까? 당신의 대답을 기다리겠습니다. 감사합니다,

7 당신은 3년 전에 프랑스 대학에서 프랑스어를 배웠습니다. 파리에서 일주일간 바캉스를 보내고 있는 당신은 옛 프랑스어 선생님을 찾아갑니다. 그런데 그가 자리에 없어 당신은 그에게 편지를 남깁니다.

Monsieur,

Je ne sais pas si vous vous souvenez de moi. Il y a trois ans, j'ai assisté à votre cours de français. Je suis actuellement à Paris pour une semaine de vacances. Aujourd'hui je suis passé à l'université pour vous saluer, mais vous n'étiez pas là, je vous laisse donc cette lettre dans votre boîte aux lettres. Je me souviens toujours des cours que j'ai eus avec vous, c'était très intéressant et j'ai appris beaucoup de choses. Seriez-vous disponible demain ? J'aimerais vous inviter à prendre un café ensemble. Voici mon numéro de téléphone : 06-12-34-56-78

Cordialement,

Namsou

Vocabulaire et expressions

se souvenir de+qn/qch 회상하다, 기억하다, 생각나다
assister à …에 출석[참석]하다
actuellement 현재, 지금
saluer qn ~에게 인사하다
intéressant(e) 흥미로운, 재미있는
inviter qn à+inf ~를 어디에 초대하다
prendre un café 커피를 마시다

해석

선생님께,

선생님이 저를 기억하실지 잘 모르겠습니다. 3년 전에, 저는 선생님의 프랑스어 수업을 들었습니다. 현재 저는 파리에서 1주일간 휴가를 보내고 있습니다. 오늘 선생님께 인사하기 위해 학교에 왔는데, 부재중이여서 선생님의 우편함에 이 편지를 남깁니다. 저는 선생님과 함께 했던 수업을 늘 기억합니다. 강의가 매우 흥미로웠고 많은 것을 배웠습니다. 내일은 시간이 되십니까? 선생님과 함께 커피를 마시고 싶습니다. 제 전화 번호는 다음과 같습니다. 06-12-34-56-78-40. 진심을 전하며,

8 당신은 친구와 함께 프랑스를 여행하고 있는 중입니다. 당신은 잠시 카페에 머무르면서 당신 친구에게 당신 여행에 관한 편지를 씁니다.

Cher ami,

La semaine dernière, je suis parti en France avec mon ami pour passer mes vacances. Actuellement je suis en train de visiter plein de villes différentes. Avant-hier, j'étais à Nantes. Je suis allé visiter le tombeau de François II et l'église Sainte Croix et c'était très intéressant. Là maintenant, je suis à Bourges et j'ai visité un lac très connu. C'était vraiment calme et beau et l'image de ce lac restera toujours dans ma mémoire. Je serai bientôt à Bordeaux pour visiter les vignes et déguster différentes sortes de vin. Je retournerai en Corée la semaine prochaine. On pourra se rencontrer.

À bientôt,

Dongmin

Vocabulaire et expressions

- **être en train de+inf** ~하고 있는 중이다
- **plein de** 많은
- **différent(e)** 다른, 상이한
- **avant-hier** 그저께
- **le tombeau** 묘, 묘비
- **l'église** 교회
- **le lac** 호수
- **connu(e)** 유명한, 잘 알려진
- **calme** 고요한, 잔잔한
- **l'image** (마음·기억 속의) 상, 영상
- **la mémoire** 기억, 추억
- **la vigne** 포도밭, 포도나무
- **déguster** (술 따위의) 맛을 보다, 시음하다
- **différent(e)s** (복수) (명사 앞에서 한정사 없이) 여러 가지의, 갖가지의
- **la sorte** 종류, 부류, 범주

해석

친애하는 친구에게,

지난주에 나는 친구와 함께 바캉스를 보내러 프랑스로 떠났어. 현재 여러 다른 도시들을 방문하고 있는 중이야. 그저께는 낭트에 있었어. 프랑수와 II세와 성십자가 교회를 보러 갔었는데, 아주 흥미로웠어. 지금은 부르주에 있는데, 여기서 아주 유명한 호수를 둘러봤어. 정말로 고요하고 아름다웠어. 그래서 내 기억 속에 이 호수의 이미지가 계속 남아 있을 것 같아. 좀 있다가 보르도에 갈 거야. 거기서는 포도밭을 방문하고 다양한 종류의 와인을 맛볼 거야. 나는 다음 주에 한국으로 돌아가. 그때 볼 수 있기를. 곧 만나자,

9 당신은 바닷가에서 바캉스를 보내고 있습니다. 당신은 아직 바캉스를 떠나지 못한 당신 친구에게 당신의 여행에 관해 짧은 편지를 씁니다.

Cher ami,

En ce moment, je suis en vacances, et je suis parti à la mer avec ma famille. Nous allons y rester pendant une semaine. Ici, il fait beau et chaud. J'ai joué au beach-volley avec mon frère et nagé dans la mer avec ma sœur. De plus, samedi soir, je suis sorti en boîte avec mes amis. Et toi, qu'est-ce que tu es en train de faire pendant ces vacances ? Je te montrerai les photos quand je serai de retour. Ça me fera très plaisir de te revoir.

Je t'embrasse,

Sangmin

Vocabulaire et expressions

être en vacances 휴가 중이다
Il fait beau. 날씨가 좋다.
Il fait chaud. 날씨가 덥다.
jouer au beach-volley 바구를 하다
nager 헤엄치다, 수영하다
sortir en boîte 나이트클럽에 놀러 나가다
être de retour 돌아오다

해석

친애하는 친구에게,

지금 나는 휴가 중이야. 그래서 가족과 함께 바닷가로 떠났어. 우리는 일주일 동안 바닷가에 머물 거야. 여기 날씨는 화창하고 따뜻해. 나는 남동생과 함께 비치-발리볼을 하고 바다에서 수영도 했어. 또 토요일 저녁에는 친구들과 나이트클럽에도 갔어. 너는 이번 바캉스에 뭐하며 지내고 있니? 돌아가서 네게 사진들을 보여줄게. 너를 다시 보게 되면 아주 기쁠 거야. 우정으로,

10 당신은 주말에 친한 친구와 테니스를 치고 싶습니다. 당신은 친구에게 그것을 제안하기 위해 편지를 씁니다.

Coucou Julie,

C'est moi Suji, j'espère que tu vas bien. Qu'est-ce que tu fais ce weekend ? Si tu n'as rien à faire, veux-tu aller jouer au tennis avec moi ? On vient d'installer un terrain près de la plage. De plus, il y aura beaucoup de gens avec qui on pourra jouer et c'est gratuit. Nous pourrons nous amuser comme avant. Si tu es d'accord, rencontrons-nous ce samedi à 14 heures devant le café Deux. J'espère que tu viendras.

À bientôt et Bises,

Sooji

Vocabulaire et expressions

jouer au tennis 테니스 치다
installer 배치하다, 설치하다
le terrain (각종 활동의) 장소, 터
la plage 해변, 바닷가
gratuit(e) 무료의, 공짜의
s'amuser 즐기다, 놀다
comme avant 예전처럼

해석

안녕 줄리,

나, 수지야. 잘 지내고 있지. 이번 주말에 너 뭐 할 거니? 아무 할 일이 없으면 나와 함께 테니스 치러 갈래? 얼마 전에 해변 근처에 테니스 코드장이 설치됐어. 그리고 같이 테니스 칠 사람들도 많이 있고 무료래. 예전처럼 즐겁게 놀 수 있을 것 같아. 네가 좋다면, 이번 토요일 14시에 카페 2 앞에서 만나자. 네가 나오기를 기대한다.

곧 보자 그리고 잘 지내,

11 당신은 프랑스에서 수업을 같이 들었던 친구의 연락처를 우연히 발견했습니다. 당신은 반가움을 전하며 당신의 이메일 주소를 남기는 편지를 씁니다.

Chère Christine,

Il y a quelques jours, j'ai retrouvé ton adresse par hasard. Te souviens-tu de moi ? Il y a 10 ans, nous avons suivi les cours ensemble à l'université de Marseille, et tu étais ma meilleure amie en France. J'ai beaucoup aimé ma vie universitaire grâce à toi. Je n'arrive pas à croire que dix années ont déjà passé. Ça me ferait plaisir d'avoir de tes nouvelles. Voici mon adresse e-mail : Kimm@zidemail.net

Amitiés,

Jinhee

Vocabulaire et expressions

retrouver 다시 발견하다, 다시 찾아내다
suivre les cours 강의를 듣다
ma meilleure amie 나의 가장 친한 친구
universitaire 대학의, 대학 과정의
grâce à+qn/qch (좋은 일에 대해) …덕분에, 덕택에
croire 믿다, 확신하다

해석

친애하는 크리스틴에게,

며칠 전에, 우연히 너의 주소를 발견했어. 너 나 기억나니? 10년 전, 우리는 마르세이유 대학에서 함께 수업을 들었고, 너는 프랑스에서 나의 가장 친한 친구였었지. 네 덕분에 나는 대학 생활을 아주 좋아하게 됐어. 벌써 10년이 지났다는 것이 믿기지 않아. 너의 소식을 들으면 너무 기쁠 것 같아. 여기 내 이메일 주소를 남길게 : kimm@zidemail.net. 우정을 담아서,

12 당신은 당신의 프랑스 펜팔 친구가 한국을 방문한다는 내용의 편지를 받습니다. 당신은 그 친구에게 편지를 씁니다.

Bonjour,

J'ai bien reçu ta lettre. Je suis ravi que tu viennes en Corée. Tout d'abord, on va visiter Séoul ensemble. Je te montrerai les différents monuments et le palais Gyeongbok. On pourra aussi aller manger dans différents restaurants coréens. Après, on ira à Kyeongju, la capitale de l'ancien royaume Silla. Là, il y a beaucoup de choses à voir. Tu vas découvrir des coins magnifiques. Et je vais te faire visiter des temples qui se trouvent dans des parcs nationaux…. J'ai hâte de te voir ! J'espère qu'on s'amusera bien ensemble.

À très bientôt,

Ju-Hyuk

Vocabulaire et expressions

tout d'abord 우선, 무엇보다 먼저
montrer 보게 하다, 제시하다
le monument 기념(건축)물, 기념비
le palais 궁전, 궁궐
la capitale 수도, 중심지
l'ancien royaume 옛 왕국
découvrir 발견하다, 찾아내다
le coin 구석, 구석진 장소
faire+inf (사역동사) ~하게 하다
le temple 사찰, 사원
les parcs nationaux 국립공원
avoir hâte de+inf 속히 …하고 싶어하다

해석

안녕,

너의 편지 잘 받았어. 네가 한국에 오게 된 것을 진심으로 기쁘게 생각해. 우선 우리는 서울을 함께 구경할 거야. 나는 네게 여러 기념물과 경복궁을 보여줄 거야. 그리고 다양한 한국 식당으로 식사하러도 갈 거고. 그런 다음, 우리는 옛 신라왕국의 수도인 경주에 갈 거야. 거기에는 볼거리가 아주 많아. 너는 거기서 멋진 곳들을 둘러보게 될 거야. 또 네게 국립공원에 있는 절들도 보여줄거야…. 너를 빨리 보고 싶다! 함께 즐거운 시간을 보낼 수 있을 거야. 곧 보자,

13 당신은 프랑스인입니다. 당신은 일 때문에 서울에 가야 합니다. 당신은 서울에 대해 아무 것도 모르기 때문에 서울에 사는 친구에게 도움의 편지를 씁니다.

Cher Joonie,

Comment vas-tu ? Comme tu le sais, j'ai trouvé mon stage chez K à Séoul et je vais bientôt partir en Corée. Je ne connais pas grand-chose sur cette ville, alors j'aurai besoin de ton aide. Tout d'abord, il faut que je trouve rapidement une chambre ou un petit studio où je pourrai vivre seul tranquillement. Est-ce que tu peux me recommander des sites web d'annonces immobilières ? Enfin dès mon arrivée, j'aimerais me promener dans les vieux quartiers de Séoul et visiter quelques lieux touristiques. Pourrais-tu m'accompagner ?

Amicalement,

Hugo

Vocabulaire et expressions

ne pas connaître grand-chose …에 대해서 별로 아는 것이 없다
vivre seul(e) 혼자서 생활하다
tranquillement 고요하게, 평온하게
recommander 소개하다, 권하다
l'annonce immobilière 부동산 광고
dès l'arrivée 도착 즉시로, 도착하자마자
les vieux quartiers 구시가

해석

친애하는 주니에게,

어떻게 지내니? 너도 알다시피, 나는 서울에 있는 K회사에서 인턴쉽을 하게 됐어. 그래서 곧 한국으로 떠나. 그런데 이 도시에 대해 아는 것이 없어. 그래서 너의 도움이 좀 필요해. 우선 나는 조용히 혼자 살 수 있는 방이나 작은 원룸을 빨리 구해야 해. 부동산 광고 웹 사이트를 추천해 줄 수 있겠니? 그건 그렇고 내가 도착하면 서울의 구 시가지를 거닐어 보고도 싶고, 몇 몇 관광 명소도 다녀보고 싶어. 나와 함께 가 줄 수 있지? 우정을 전하며,

14 당신은 1년간 언어연수를 받기 위해 프랑스에 왔습니다. 당신은 그곳에 아는 사람이 없습니다. 그래서 당신은 친구를 만들기 위해 광고문을 씁니다.

Bonjour à tous,

Je suis étudiant coréen qui vient d'arriver en France, plus précisément dans cette université, afin d'améliorer mon niveau de français. Malheureusement, je ne connais personne ici et j'écris cette annonce pour me faire des amis qui seront intéressés pour discuter avec moi. On peut s'échanger nos langues, et nos cultures. Je peux vous assurer que vous ne regretterez pas de venir me parler ! Je suis une personne gentille et respectueuse envers les gens. Voici mon adresse e-mail : Jinsou@orangeclementine.com. J'espère avoir de nombreuses réponses.

À bientôt,

Jinsoo

Vocabulaire et expressions

plus précisément 더 분명하게, 더 정확하게
afin de+inf …하기 위하여, …하도록, …하려고
améliorer 향상[진보]시키다
ne … personne 아무도 (누구도) …않다
se faire des amis 친구를 만들다 (사귀다, 얻다)
s'échanger (서로) 교환되다, 맞바꾸어지다
la langue 언어, 말, 국어
la culture 문화
assurer qn que+ind ~에게 ~한 것을 단언하다, 보증하다
regretter 후회하다, 유감스럽게 여기다
respectueux(se) envers qn 정중한, 존중하는

해석

안녕하세요 여러분,

저는 방금 프랑스에 도착한 한국 학생입니다. 좀 더 정확하게 말하면, 저는 저의 프랑스어 수준을 향상시키고자 이 대학에 왔습니다. 그런데 불행히도, 이곳에 아는 사람이 한 사람도 없습니다. 그래서 저와 이야기 나누고 싶은 친구들을 사귀고자 이 광고문을 씁니다. 우리는 각자의 언어와 문화를 서로 교환 할 수 있을 겁니다. 여러분들은 저와 대화 나누는 것을 후회하지 않을 것이라 확신합니다. 저는 친절하고 정중한 사람입니다. 제 이메일 주소는 Jinsou@orangeclementine.com입니다. 많은 답변을 기대합니다. 곧 봅시다,

15 당신 친구가 기차로 당신 집에 오고자 합니다. 그런데 그날 당신은 역으로 친구를 마중 나갈 수가 없습니다. 당신은 그에게 편지를 써서 집 찾아오는 방법을 알려줍니다.

Salut,

J'attends ce moment depuis longtemps. J'ai hâte de te voir mais malheureusement, je ne peux pas aller à la gare pour te chercher. J'ai un examen final qui est très important. Je suis vraiment désolé. À la place, je t'envoie l'itinéraire pour venir chez moi. De la gare, tu prends le métro Ligne 2 qui se trouve juste en face. Après 6 stations, tu descends à Sillim. Il faut tourner à droite en sortant de celle-ci, continuer tout droit, puis tourner à gauche au premier feu. Mon appartement se trouve au bout de cette rue. Tu dois monter au 8ème étage de l'immeuble 307 et sonner à la première porte à gauche quand tu sors de l'ascenseur.

À très bientôt,

Jingu

Vocabulaire et expressions

attendre 기다리다
depuis longtemps 오래전부터
la gare (기차의) 정거장, 역
l'examen final 기말 시험
à la place (…의) 대신에, …의 입장에
l'itinéraire 여정, 경로
prendre le métro 지하철을 타다
Il faut+inf …할 필요 (이유)가 있다
la rue (도시의) 가로, 길, 거리
monter à (탈것에) 타다
l'étage (건물의 2층 이상의) 층
l'immeuble (여러 층으로 된) 건물, 빌딩, 아파트
sonner à la porte 문의 벨을 누르다
l'ascenseur 승강기, 엘리베이터

해석

안녕,

나는 오래전부터 이 순간을 기다렸어. 너를 빨리 보고 싶어. 그런데 안타깝게도 너를 데리러 역에 나갈 수가 없어. 아주 중요한 기말 시험이 있어. 정말 미안해. 대신, 우리 집 찾아오는 약도를 보내줄게. 기차역 바로 앞에 있는 지하철 2호선을 타. 여섯 역을 지난 후, 신림역에서 내려. 역에서 나와서 오른쪽으로 돌아. 그리고 직진 한 다음 첫 번째 신호등에서 좌회전을 해. 내가 사는 아파트는 이 길 끝에 있어. 307동 건물의 8층까지 올라와. 그리고 엘리베이터를 나와서 왼쪽 첫 번째 문의 초인종을 누르면 돼. 곧 보자,

16 당신 친구는 자기 부모님의 결혼 30주년을 축하해주기 위해 사진사를 찾고 있습니다. 당신은 당신이 알고 있는 사진사의 연락처를 친구에게 알려주고자 편지를 씁니다.

Chère amie,

Le 30ème anniversaire de mariage de tes parents approche. J'ai entendu que tu n'as pas encore trouvé de photographe pour cet événement. Je te propose quelques photographes que je connais. Voici leurs adresses e-mail : photos98@yahoo.fr, ericographie0@google.com, paul-camera@yahoo.com. Ils sont tous très sympas, tu peux leur demander sans problème leurs offres et services. De plus pourrais-tu transmettre mes félicitations à tes parents ?

Bises,

Anne-Marie

Vocabulaire et expressions

approcher 가까워지다, 가까이 가다
entendre que ~ 소식을 듣다
photographe 사진사, 사진 기사
l'événement 행사, 이벤트, 사건
sans problème 쉽게, 문제없이
l'offre 제의, 제안, 제시 가격
le service 서비스
transmettre qch à qn ~에게 ~을 전달하다
les félicitations (복수) 축하, 축사

해석

친애하는 친구야,

너의 부모님의 30번째 결혼기념일이 다가오고 있지. 그런데 네가 이 결혼기념일 행사에 필요한 사진작가를 아직 찾지 못했다고 들었어. 그래서 내가 아는 사진작가 몇 명을 추천하려고 해. 그들의 이메일 주소는 다음과 같아. photos98@yahoo.fr, ericographie0@google.com, paul-camera@yahoo.com. 그 작가들 모두 친절하니까, 쉽게 가격과 서비스를 물어볼 수 있을 거야. 그리고 너의 부모님께 축하한다는 말 전해 줄 수 있지? 잘 지내,

17 당신은 펜팔 친구에게 당신이 사는 도시의 사진엽서를 보내면서 짧은 편지를 씁니다.

Cher ami,

Je suis Tae-il et je vis avec ma famille à Séoul, la capitale de la Corée. On peut y voir beaucoup de bâtiments très hauts comme la tour Lotte. Un endroit très connu est le mont Namsan. Et il y a aussi un quartier très joli qui s'appelle Insa-dong dans lequel on peut trouver des beaux objets traditionnels coréens et où les étrangers aiment se promener. De plus, il y a un village français appelé Seorae Maeul où se trouvent beaucoup de restaurants très sympathiques. Je pourrais te présenter tous ces endroits si tu viens en Corée un jour.

Amicalement,

Tae-il

Vocabulaire et expressions

le bâtiment 건물
haut(e) 높은
la tour 탑, 고층건물
le mont (고유명사와 함께) …산
l'objet 물품, 물건, 용품
l'étranger 외국인
le village (어떤 시설 따위를 중심으로 형성된) …의 집합지, …촌
un jour 어느 날

해석

친애하는 친구야,
나는 태일이고 한국의 수도 서울에서 가족들과 함께 살고 있어. 서울에는 롯데 타워와 같은 고층 건물들이 많아. 그리고 남산은 널리 알려진 유명한 장소야. 또 인사동이라고 불리는 아름다운 구역(동네)이 있는데, 한국의 아름다운 전통 물건들을 그곳에서 볼 수 있어. 그래서 외국인들은 그곳에서 산책하는 것을 좋아해. 또한 서래마을이라고 불리는 프랑스 마을이 있는데, 그곳에는 멋진 레스토랑들이 아주 많이 모여 있어. 언젠가 네가 한국에 오면 이 모든 곳을 보여줄게.
우정으로,

18 당신은 패키지여행을 다녀왔습니다. 그 여행은 만족스럽지 못했습니다. 당신은 여행사에 항의하는 편지를 씁니다.

Monsieur,

Je vous écris cette lettre pour vous informer de quelques points désagréables sur le voyage que j'ai fait la semaine derrière. Je suis allée à Tokyo pendant 6 nuits et 7 jours. C'était un voyage organisé avec un guide. Mais le guide n'avait aucune idée de ce qu'on allait faire. Il n'est absolument pas normal qu'un guide ne soit pas au courant du programme du voyage. On a perdu énormément de temps et on n'a pas fait grand-chose au Japon, à part manger au restaurant et rester dans l'hôtel. Tout cela est inadmissible et je veux une explication et des excuses de votre part.

Cordialement,

Dabin

Vocabulaire et expressions

informer qn de qch ~에게 ~에 대해 알려주다, 통지하다
quelques points désagréables 약간의 불쾌한 점
6 nuits et 7 jours 6박 7일
le guide 안내인, 가이드
ne … aucun(e) (부정) 어떠한, 하나도, 조금도
l'idée 생각, 아이디어
être au courant de qch ~을 알고 있다
perdre 잃다
énormément de temps 엄청난 시간
grand-chose (pas 또는 sans과 함께) 대단한 것, 대수로운 것
à part …을 제외하고
inadmissible 받아들일 수 없는, 용인할 수 없는
l'explication 설명
des excuses 변명, 해명, (흔히 복수) 사과, 사과의 말
de la part de qn …의 의뢰로, …의 쪽에서, …로서는

해석

담당자님께,

지난주에 갔다 온 여행에 대해 몇 가지 불쾌한 점을 담당자님께 알려드리고자 이 편지를 씁니다. 저는 6박 7일 동안 도쿄로 여행을 갔었습니다. 가이드와 함께 하는 여행이었습니다. 그런데 가이드는 무엇을 해야 하는지 전혀 몰랐습니다. 가이드가 여행 프로그램에 대해 모르고 있다는 것은 결코 정상적이라 할 수 없습니다. 우리는 많은 시간을 낭비했고, 그리고 레스토랑에서 식사하고 호텔에 머물었던 점을 제외하면 일본에서 별로 한 것이 없습니다. 이 모든 것은 용납될 수 없고, 저는 담당자님의 설명과 사과를 원합니다. 진심을 전하며,

19 당신은 잡지 광고를 보고 바캉스 동안 조용히 지낼 집을 구했습니다. 그런데 집 주변에서 진행되는 공사의 소음으로 잠을 이룰 수가 없습니다. 당신은 광고를 낸 회사 사장에게 현재 상황과 요구사항을 알리는 편지를 보냅니다.

Monsieur,

J'ai loué votre maison de vacances après avoir vu votre annonce sur le magazine Le Bazar. L'annonce décrivait avec des images paradisiaques que le village était calme. En réalité, il y avait des travaux sans cesse aux alentours de cette maison, c'était très bruyant et insupportable. Je voulais me reposer pendant les vacances mais ce n'était simplement pas possible. Je suis très déçue de mon séjour et je vous demande de me rembourser le prix de la location.

Dans l'attente de votre réponse,

Ninon

Vocabulaire et expressions

louer 세들다, (자리를) 예약하다
maison de vacances 홀리데이 홈
le magazine (보통 그림 · 사진을 실은) 잡지
décrire 묘사하다, 서술하다, 기술하다
paradisiaque 천당의, 천국 같은
en réalité사실은, 실은, 실제로
les travaux (복수) (특별한 분야의) 작업, 공사
sans cesse 끊임없이, 줄곧
aux alentours de …주위 (근처)에
bruyant(e) 시끄러운, 소음을 내는
insupportable 참을 수 없는, 견딜 수 없는
simplement 단지, 오직
déçu(e) de ~에 실망한
le prix de la location 임대료

해석

사장님 귀하,

저는 르 바자르 잡지에 난 당신의 광고를 보고 휴가철 집(홀리데이 홈)을 빌렸습니다. 광고에는 천국 같은 사진과 함께 마을이 조용하다고 묘사되어 있었습니다. 그런데 실제로는 이 집 주변에서 공사가 끊임없이 진행되고 있었습니다. 그것 때문에 너무 시끄러웠고 견딜 수가 없었습니다. 저는 바캉스 동안 조용히 쉬고 싶었으나 불가능했습니다. 저는 그곳에서의 체류에 대해 매우 실망하고 있고 그래서 임대료 환불을 요청합니다. 당신의 답변을 기다리며,

20 당신은 패키지여행을 아주 기분 좋게 다녀왔습니다. 당신은 여행사에 감사의 편지를 씁니다.

Monsieur,

Je vous écris cette lettre pour vous remercier de notre voyage de 4 nuits et 5 jours en Australie. Le programme était parfait, l'hôtel et les restaurants étaient bien choisis et les activités proposées étaient intéressantes. J'ai pu pleinement découvrir un monde que je ne connaissais pas auparavant. Le guide était sympathique, il pensait à notre confort à chaque moment. Je suis très satisfait de ce voyage et je vous remercie pour tout.

Cordialement,

Minsung

Vocabulaire et expressions

en Australie 오스트레일리아에(서)
parfait(e) 나무랄 데 없는, 이상적인, 완벽한
l'activité 활동
pleinement 전적으로, 완전히
auparavant …전에, 먼저, 그전에
penser à …에 대해 생각하다
le confort 안락, 쾌적
chaque moment 매순간

해석

담당자님께,

호주에서의 4박 5일간의 여행에 대해 당신께 감사드리기 위해 이 편지를 씁니다. 프로그램은 완벽했고, 호텔과 레스토랑도 잘 선택하셨습니다. 또한 제시한 활동들도 매우 흥미로웠습니다. 저는 예전에 몰랐던 세상을 한껏 즐길 수 있었습니다. 가이드는 친절했는데, 그는 매 순간 우리의 편리를 생각하였습니다. 저는 이 여행에 매우 만족하며 모든 것에 감사드립니다. 진심을 전하며,

21 당신은 10월에 파리에 갑니다. 당신은 파리로 떠나기 전에 당신 친구를 만나고자 합니다. 당신은 친구에게 시간이 되는지, 저녁식사를 같이 할 수 있는지 그리고 같이 여행할 수 있는지 등을 묻는 편지를 씁니다.

Salut !

J'espère que tu vas bien. Je vais à Paris en octobre pour continuer mes études là-bas. Je voudrais qu'on se rencontre avant mon départ. Pourquoi ne pas manger ensemble, faire du shopping, et se promener ? J'ai hâte de te revoir. Je suis triste de ne plus te voir pendant quelque temps, j'espère que tu pourras venir me voir à Paris. Es-tu libre le week-end prochain ? Répond-moi le plus vite possible.

Amicalement et à très bientôt,

Anna

Vocabulaire et expressions

en octobre 10월에
continuer 계속하다
se rencontrer 서로 만나다
faire du shopping 쇼핑하다
se promener 산책하다
être triste de+inf ~하는 것은 슬프다
ne… plus 더 이상 (다시는) …않다
pendant quelque temps 잠깐 동안

해석

안녕,

잘 지내지. 나는 내 학업을 계속하려고 10월에 파리에 가. 그래서 떠나기 전에 너를 만나고 싶어. 우리 같이 밥도 먹고, 쇼핑도 하고, 산책도 할까? 너를 빨리 다시 보고 싶다. 내가 한동안 너를 못 본다는 것이 슬퍼. 나를 보러 파리에 와주면 좋겠어. 다음 주말에 너 시간 되니? 가능한 한 빨리 대답해줘. 우정을 담아서 그리고 곧 만나자,

Section 3

실전 쓰기

1 Vous partez en vacances pour une semaine. Vous envoyez un courriel à un(e) ami(e) pour lui demander de s'occuper de votre appartement et de prendre les courriers.

❷ Vous êtes en vacances en Chine. Vous écrivez un courriel à un ami pour lui raconter comment se passent vos vacances et lui demander de venir vous chercher à l'aéroport.

3 Vous cherchez un correspondant français. Vous avez trouvé par hasard cette annonce sur internet. Vous lui répondez tout de suite.

Bonjour,

Je m'appelle Pierre. Je suis étudiant de l'université Lyon 2. L'année dernière, je suis resté un an en Corée pour apprendre le coréen. Après, je suis revenu en France pour continuer mes études. Maintenant, je souhaite avoir des correspondants coréens pour mieux connaître la Corée et améliorer mon coréen. Si vous désirez apprendre le français, je pourrai vous aider avec plaisir.

Dans l'attente de votre réponse,

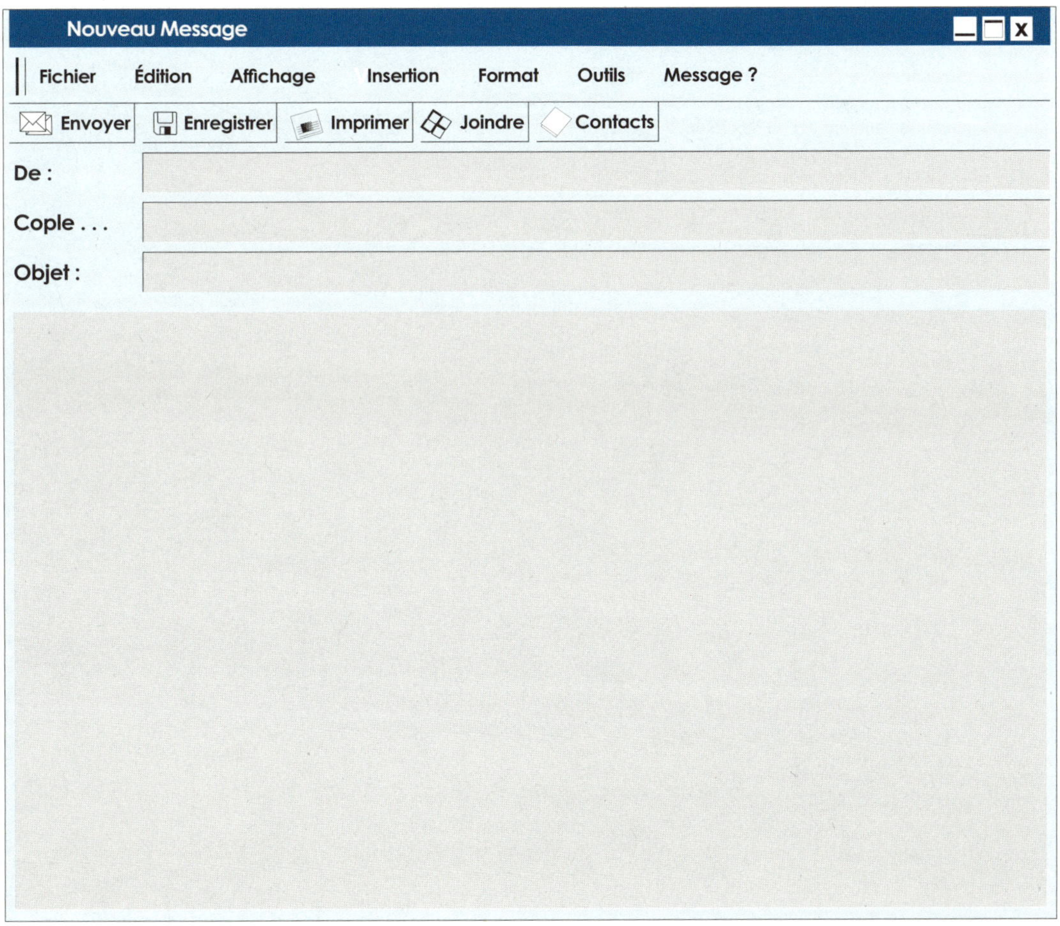

❹ Vous suivez le cours de français dans une école de langues à Paris. Vous envoyez un courriel à votre professeur pour lui dire que tout se passe très bien.

5 Vous venez de vous installer dans une nouvelle ville pour vos études. Vous écrivez un e-mail à un(e) ami(e) pour lui raconter votre nouvelle vie. Vous lui expliquez ce que vous faites et vous lui demandez.

Nouveau Message

Fichier Édition Affichage Insertion Format Outils Message ?

Envoyer Enregistrer Imprimer Joindre Contacts

De :

Cople . . .

Objet :

6 Vous venez de recevoir l'invitation ci-dessous. Malheureusement, vous n'êtes pas disponible ce jour-là. Vous refusez l'invitation, vous vous excusez et vous justifiez votre absence.

Chers amis,

À l'occasion de la fin de l'année scolaire, nous organisons un pot. Nous sommes heureux d'y inviter tous nos camarades. Date: jeudi 20 mai à 17 heures, Lieu: salle de danse, Participation: 5 euros par personne. Pour une meilleure organisation, nous vous demandons à tous de nous répondre avant le 15 mai, en précisant votre participation. Nous comptons sur votre présence et vous en remercions d'avance.

Sylvie et l'équipe de l'organisation

7 Vous venez de recevoir l'invitation ci-dessous. Malheureusement, vous êtes prise ce jour-là. Vous acceptez de participer au cadeau mais vous refusez l'invitation. Vous vous excusez et vous justifiez.

le 5 juillet, Lyon

Salut,

Tu sais bien que notre amie Jimin va bientôt nous quitter pour la Corée. Avec Christine, nous avons pensé que nous pourrions lui faire la surprise d'organiser un pot de départ avec un petit cadeau. Qu'en penses-tu ? Si l'idée te plaît, nous pourrions faire circuler une enveloppe pour y déposer quelques pièces. Je veux bien me charger d'aller en ville pour trouver le cadeau. Et si tu veux dire au revoir à Jimin, je te propose de venir boire des boissons et lui offrir notre cadeau le vendredi 12 juillet de 14 h à 15 h.

À bientôt,

Marie

8 Vous êtes venu(e) en France comme étudiant(e) en échange. Vous logez à la résidence universitaire. Après 8 mois, vous souhaitez organiser une soirée pour votre départ. Vous écrivez une invitation pour envoyer à tous vos amis de la résidence.

9 Suite à votre déménagement vous écrivez un courriel à vos amis. Remerciez les personnes qui ont participé à votre déménagement et invitez tout le monde à votre pendaison de crémaillère. Vous donnez toutes les informations utiles, par exemple, date, heure, lieu et plan d'accès, et vous leur demandez d'apporter quelque chose.

Nouveau Message

Fichier Édition Affichage Insertion Format Outils Message ?

Envoyer | Enregistrer | Imprimer | Joindre | Contacts

De :

Cople . . .

Objet :

10 Vous lisez cette annonce dans le journal local. Vous écrivez un courriel à votre amie pour lui proposer de venir avec vous.

MARDI 18 H 30
CONCERT CLASSIQUE ENTRÉE LIBRE

Répétition publique de l'Orchestre national d'Aix-en-Provence
avec Yoel Levi au Grand Théâtre ce soir

Nouveau Message

Fichier Édition Affichage Insertion Format Outils Message ?

Envoyer Enregistrer Imprimer Joindre Contacts

De :

Cople . . .

Objet :

11 Vous êtes employé(e) dans une entreprise. Vous devez accueillir un acheteur qui vient de la Corée. Vous lui écrivez un courriel pour lui annoncer que vous viendrez le chercher. Vous lui demandez des informations sur son arrivée (date, heure, numéro de vol) et vous vous décrivez pour qu'il vous reconnaisse à son arrivée.

Nouveau Message

Fichier Édition Affichage Insertion Format Outils Message ?

Envoyer | Enregistrer | Imprimer | Joindre | Contacts

De :

Cople . . .

Objet :

12 Vous venez de recevoir cette invitation pour l'anniversaire de Laura. Vous écrivez pour la remercier de l'invitation. Vous l'acceptez et demandez des renseignements complémentaires sur l'organisation du week-end.

INVITATION

Le 15 septembre, je vais avoir 25 ans. Je veux donc faire une petite fête et vous inviter pour un week-end entre amis à Marseille. Donnez-moi vite votre réponse.

13 Vous êtes en France pour un an pour apprendre le français. Vous habitez dans un studio. Vous venez de recevoir un courriel de votre propriétaire en vous indiquant que vous n'avez pas payé le loyer. Vous lui répondez pour vous excuser et justifier ce retard de paiement.

14 Vous êtes abonné pour un an au magazine de 'Capital'. Quatre mois après votre inscription, vous déménagez. Vous écrivez un courrier pour expliquer votre situation et annoncer votre changement d'adresse.

Nouveau Message

Fichier Édition Affichage Insertion Format Outils Message ?

Envoyer Enregistrer Imprimer Joindre Contacts

De :

Cople . . .

Objet :

15 Vous avez un(e) correspondant(e) français(e). Vous écrivez une première lettre à votre correspondant(e). Vous parlez de votre caractère, de vos goûts, de vos préférences pour les activités culturelles ou sportives. Et vous posez des questions personnelles à votre correspondant(e).

16 Vous devez vous rendre à Paris pour affaires. Vous écrivez une lettre pour annoncer votre venue. Vous donnez toutes les indications parce que quelqu'un doit vous attendre à l'aéroport. Vous vous décrivez : âge, taille, couleur de cheveux, vêtements, heure d'arrivée, numéro du vol…

17 Vous venez de recevoir ce faire-part de mariage. Malheureusement, vous ne pouvez pas y participer. Vous écrivez pour féliciter les parents des futurs mariés et refuser l'invitation. Vous vous excusez et justifiez votre absence.

Henri et Marie

sont heureux de vous inviter à leur mariage.
La cérémonie aura lieu en l'église Saint-Sauveur d'Aix-en-Provence
le samedi 14 mai 2018, à 15 heures.
À la fin de la célébration religieuse, le verre de l'amitié
vous sera offert à la salle Franco.
Vous êtes également invité à partager la pièce montée des amoureux
à partir de 20 heures au café Deux Garçon.

18 Vous avez participé à un concours et vous avez gagné le premier prix : un séjour à Nice pour deux personnes. Vous écrivez à votre meilleur(e) ami(e) pour lui raconter ce qui vous arrive et vous lui proposez de profiter de ce voyage avec vous. Vous lui décrivez les activités qui vous attendent là-bas.

Nice

Hôtel Paradis
5 jour / 4 nuits en chambre double
Piscine privée, Plage à 200 m avec : planche à voile, bateau de plongée …
Tennis, Golf à proximité
Nombreux restaurants, Différents commerces à proximité
Libre-service dans le village 3 mn

19 Vous avez reçu une invitation pour la projection d'un film français de votre ami. Malheureusement, vous n'êtes pas libre ce jour-là. Vous lui écrivez pour la refuser. Vous vous excusez et justifiez votre absence.

INVITATION VALABLE POUR DEUX PERSONNES

Tour de France

Cinéma Megabox
vendredi 5 septembre 2018, 15 heures

20 Vous avez reçu cette lettre. Vous répondez à votre ami(e) français(e) que vous ne pouvez pas accepter son invitation. Vous expliquez pourquoi et vous lui proposez autre chose.

Paris, le 10 juin

Bonjour,

Les vacances d'été approchent et j'aimerais bien te voir. Je sais que tu n'as pas encore voyagé à Paris. Alors je te propose de venir passer deux semaines chez moi. Je vais te faire visiter ma ville et voyager avec toi. Réponds-moi dès que possible.

Amicalement,

ton ami(e)

21 Une amie vous a envoyé cette lettre. Vous pouvez accepter ou refuser son invitation. Si vous acceptez, demandez quelques précisions. Si vous refusez, donnez les raisons.

Chère amie,

Il y a deux semaines, nous avons emménagé dans notre nouvelle maison à Aix. Alors nous voulons faire une petite fête le 15 mars et nous t'invitons en famille. Si tu veux, tu peux dormir chez nous. Il y a des chambres libres. Pourrais-tu me répondre rapidement ?

Cordialement,

ton amie

22 Vous voulez passer les vacances avec votre famille à Paris. Vous envoyez un e-mail à l'agence de voyage pour réserver des billets d'avions, avec les informations suivantes : 3 allers-retours Séoul-Paris pour deux adultes et un enfant de 7 ans, départ le lundi 7, retour le dimanche 13.

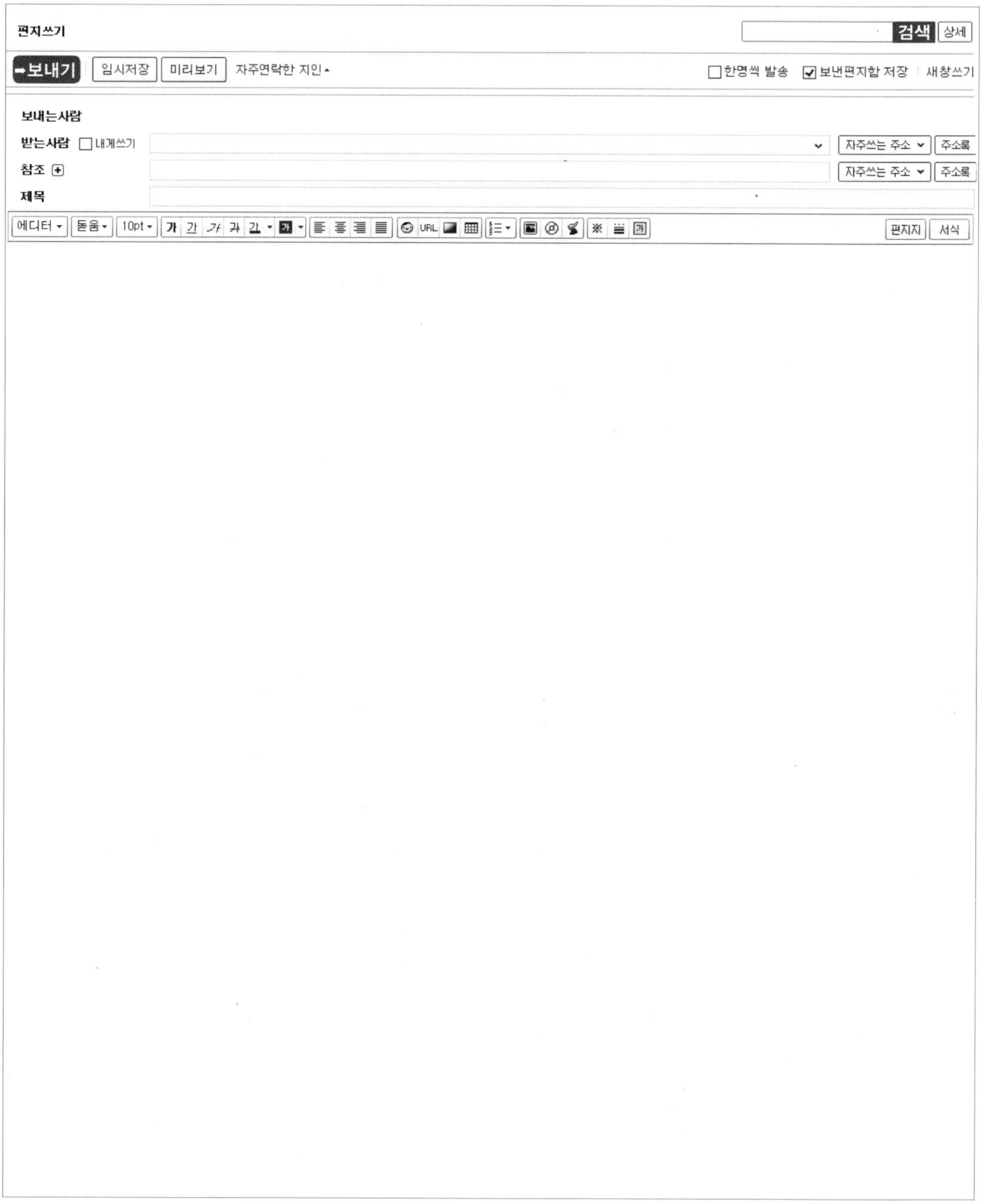

23 Vous venez de recevoir le courriel ci-dessous. Vous êtes ravie d'avoir des nouvelles de votre amie coréenne. Vous lui répondez pour lui raconter votre vie personnelle et professionnelle.

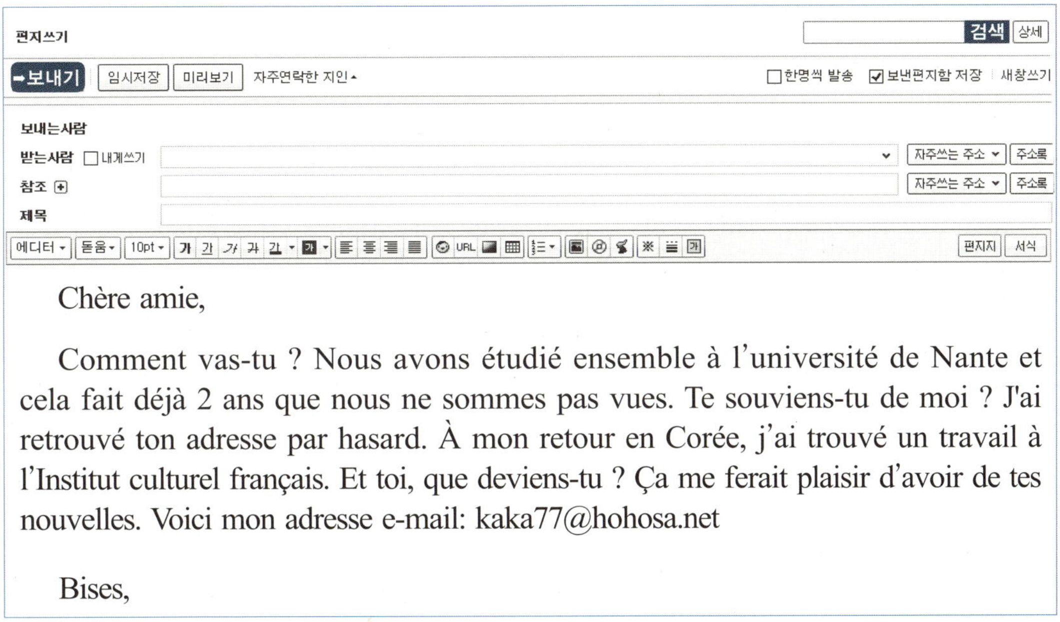

Chère amie,

Comment vas-tu ? Nous avons étudié ensemble à l'université de Nante et cela fait déjà 2 ans que nous ne sommes pas vues. Te souviens-tu de moi ? J'ai retrouvé ton adresse par hasard. À mon retour en Corée, j'ai trouvé un travail à l'Institut culturel français. Et toi, que deviens-tu ? Ça me ferait plaisir d'avoir de tes nouvelles. Voici mon adresse e-mail: kaka77@hohosa.net

Bises,

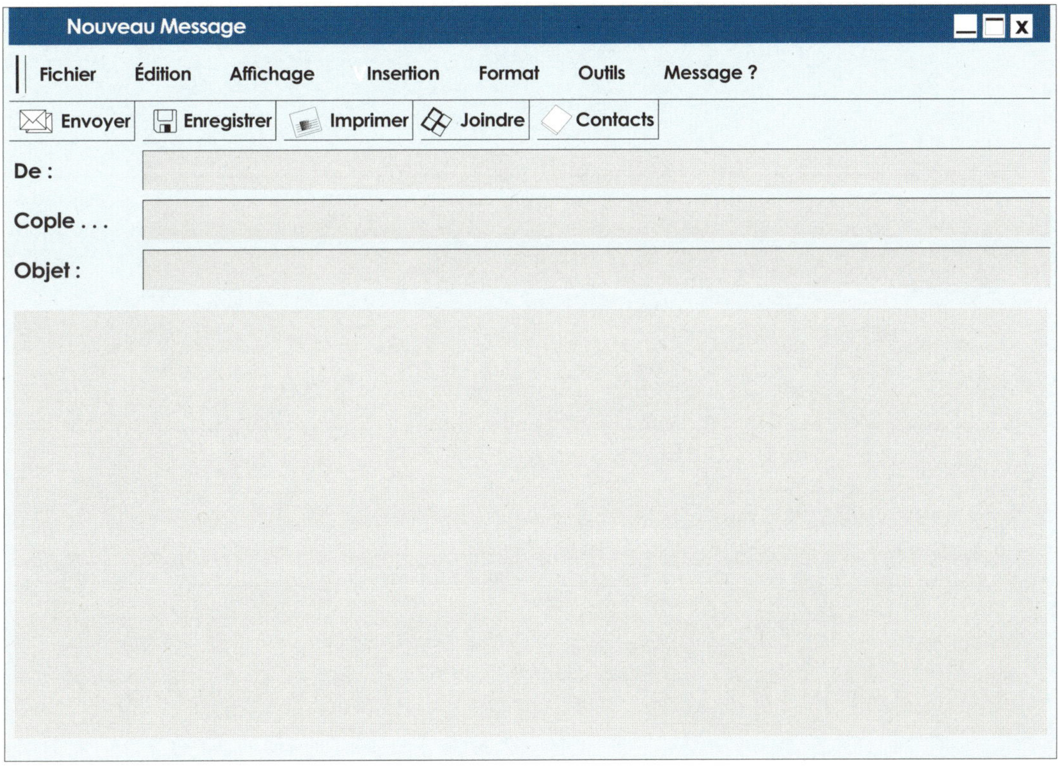

24 Il est 22 heures. Vous rentrez chez vous après 15 jours d'absence (Vous étiez à Londres pour votre travail.) et vous trouvez cette lettre. Vous y répondez et refusez la proposition.

Chère amie,

J'espère que ton voyage d'affaires s'est bien passé à Londres. Demain, samedi, je ferai une excursion dans le Dobongsan avec ma famille. Nous allons partir à 7 heures. Peux-tu nous rejoindre ? J'attends ta réponse.

Amicalement,

Rose

25 Vous avez une réservation dans un hôtel pour une chambre double du 16 au 26 juin. Mais vous devez annuler la réservation. Vous écrivez une lettre en vous excusant et justifiant pourquoi.

26 Vous êtes invité à la fête d'anniversaire de votre meilleur(e) ami(e). Mais vous êtes déjà pris ce jour-là pour une autre soirée. Vous écrivez une réponse en vous excusant et justifiant votre absence.

INVITATION

Le 15 septembre, c'est mon 30ème anniversaire. Ce jour-là j'organise une petite soirée entre amis, je vous invite au café Deux Garçons. Merci de me confirmer rapidement votre présence.

27 Vous êtes en vacances. Vous envoyez un courriel à un ami en France. Vous lui parlez du temps, de vos activités et vous lui donnez votre date de retour.

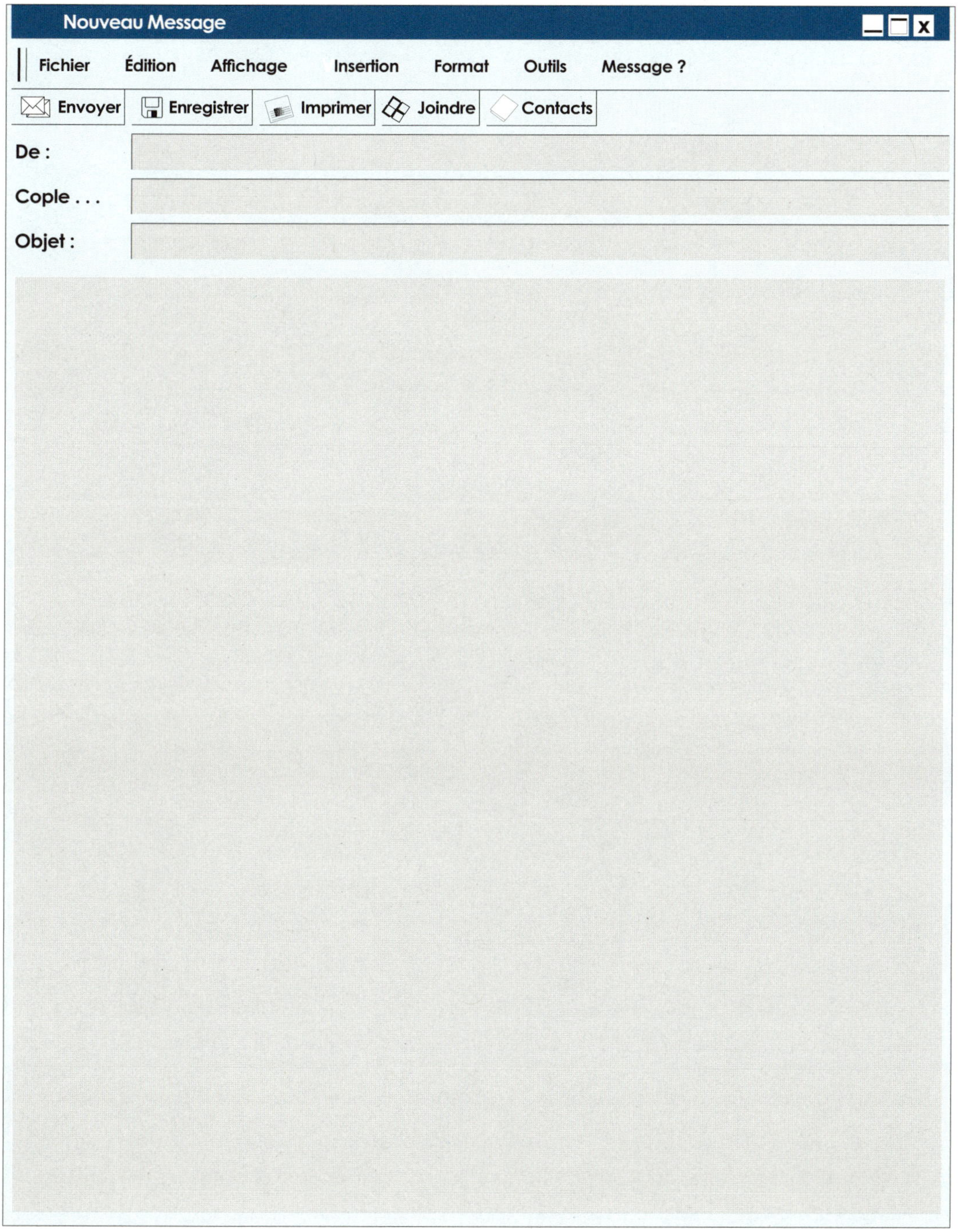

28 On vous a attribué un bureau mal situé, trop sombre et trop chaud l'été, trop petit, sans vue··· Vous écrivez une lettre au chef du personnel pour vous plaindre et demander qu'on vous change de bureau. Donnez de bonnes raisons si vous voulez obtenir satisfaction.

29 Vous allez partir en vacances avec votre meilleur(e) ami(e) pendant une semaine. Avant le départ, vous avez planifié votre séjour en regardant le programme du club de vacances. Vous lui écrivez un courriel en lui proposant votre plan de vacances.

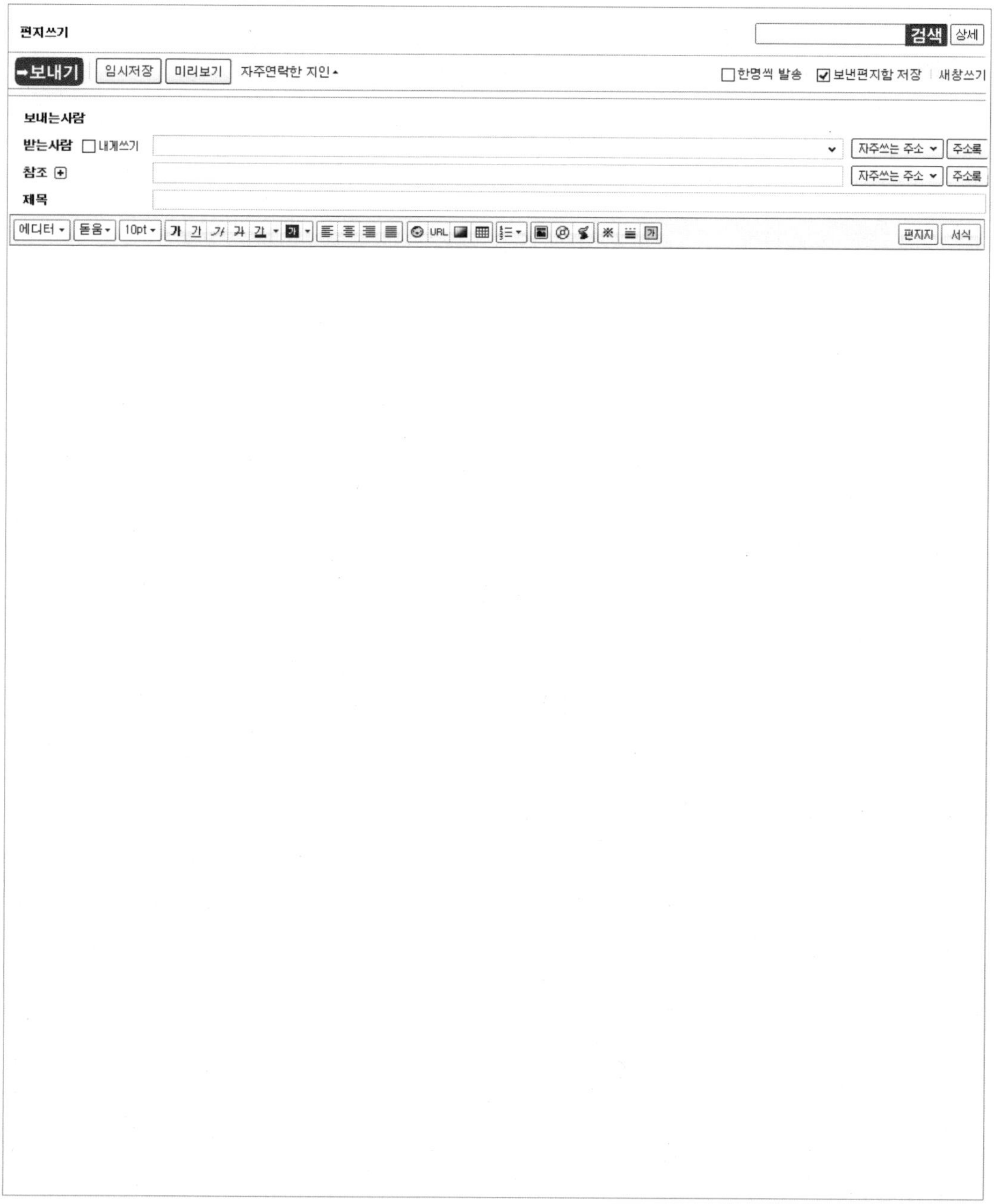

30 Vous êtes en France pour améliorer votre français depuis 6 mois. Vous écrivez à votre mère ce que vous avez fait aujourd'hui et ce que vous allez faire demain etc.

31 Pendant votre voyage en France, vous écrivez un e-mail à votre ami(e) qui n'a pas encore visité la France. Vous lui racontez ce que vous avez fait, où vous allez voyager pour le reste de la semaine, et quand vous reviendrez.

32 Vous êtes parti(e) camper avec votre famille pendant quatre jours au bord de la mer au mois de mai. À votre retour, vous écrivez une lettre à votre meilleur(e) ami(e). Vous racontez votre voyage et votre séjour dans le camping-car. Et vous êtes décidé(e) à refaire cette expérience au mois de juillet et vous invitez votre ami(e) à venir avec vous.

33 Vous envoyez votre photo de mariage à un(e) ami(e) français(e). Vous lui racontez comment vous avez connu votre mari (femme), votre mariage et vos projets etc.

34 Vous écrivez à vos amis pour les inviter à la fête organisée pour l'anniversaire de votre amie Christine. Vous précisez la date, l'heure, le lieu etc. Et vous leur proposez un cadeau commun.

35 Vous venez de recevoir ce faire-part de mariage. Heureusement, vous êtes disponible ce jour-là. Vous écrivez pour féliciter les parents des futurs mariés et accepter l'invitation. Et vous leur demandez à participer au cadeau de mariage des futurs mariés.

Pierre et Marie

sont heureux de vous convier à leur mariage.
La cérémonie aura lieu en l'église Saint-Sauveur d'Aix-en-Provence le samedi 14 mai 2018, à 15 heures.
À la fin de la célébration religieuse, le verre de l'amitié vous sera offert à la salle Franco.
Vous êtes également invité à partager la pièce montée des amoureux à partir de 20 heures au château de Michel.

36 Vous déménagez dans deux semaines. Vous écrivez un courriel à vos amis pour leur demander de l'aide pour le jour du déménagement. Vous leur demandez une réponse rapide.

37 Vous partez en voyage d'affaires pour deux semaines en Asie. Avant de partir, vous écrivez un courriel à votre ami(e) en lui donnant toutes les consignes importantes : Vous lui demandez de venir tous les jours pendant votre absence pour arroser les plantes, ouvrir et fermer les volets, nourrir le chat, etc.

38 Vous avez besoin d'un livre pour faire un rapport important. Vous avez donc commandé le livre dans une librairie, mais après deux semaines d'attente, le livre n'est toujours pas arrivé. Vous écrivez un courriel pour exprimer votre mécontentement et annuler votre commande.

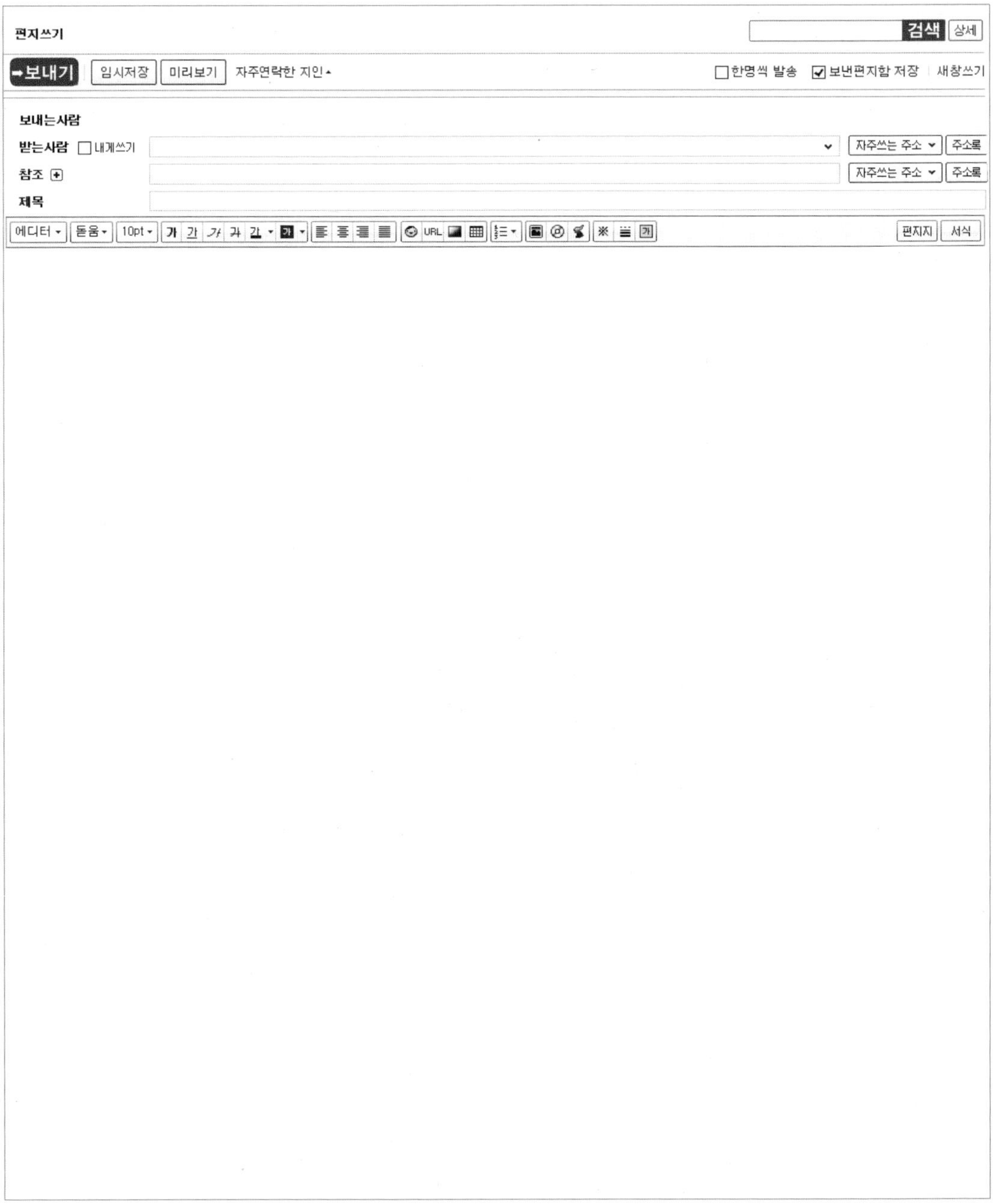

39 Vous avez fait un voyage d'une semaine à Paris. Vous écrivez à votre ami(e) en racontant ce que vous avez fait, jour après jour. Vous parlez de vos impressions sur la vie à Paris.

40 Vous venez de faire vos courses dans un magasin près de chez vous. Mais vous êtes très mécontent des services de ce magasin. Vous écrivez quelques mots sur l'enquête de satisfaction à l'accueil du magasin.

41 Vous êtes inscrit à la médiathèque de l'Institut français en Corée depuis quatre mois mais vous devez partir en France pour faire vos études. Vous écrivez un courrier pour expliquer votre situation, demander la résiliation et le remboursement de votre inscription.

42 Un ami français va venir quelques jours chez vous. Vous lui envoyez un courriel pour lui parler un peu de votre ville et des choses à faire ou à voir.

실전 쓰기 모범 답안

1 당신은 일주일 예정으로 휴가를 떠납니다. 당신은 친구에게 이메일을 보내 아파트를 돌보고 우편물을 수거해 줄 것을 요청합니다.

Coucou,

Comment vas-tu ? Je t'écris pour te demander un service. La semaine prochaine je pars en Corée pendant une semaine pour mes vacances. J'ai besoin de quelqu'un qui passe chez moi une fois pendant mon absence pour arroser mes plantes et prendre les courriers. Comme tu habites près de chez moi, je me suis dit que peut être c'est possible pour toi de me donner un coup de main. Bien sûr, je t'aiderai aussi la prochaine fois que tu partiras en voyage. Pourrais-tu me répondre rapidement si possible ? J'attends ta réponse.

Amitiés,

안녕,

어떻게 지내니? 너에게 좀 부탁할 것이 있어서 메일을 써. 나는 다음 주에 한국으로 일주일 동안 휴가를 보내러 떠나. 그래서 내가 없는 동안 한 번 정도 내 집에 와서 식물에 물도 주고 우편물을 수거해줄 사람이 필요해. 네가 내 집 근처에 살기 때문에, 너에게 도움을 요청하는 것이 가능하지 않을까 생각했어. 당연히, 다음 번에 네가 여행을 떠날 때는 내가 너를 도와주지. 가능하면 빨리 대답해 줄 수 있겠니? 너의 대답을 기다리며. 우정으로,

2 당신은 중국에서 휴가를 보내고 있습니다. 당신은 친구에게 이메일을 보내 휴가를 어떻게 보내고 있는지에 대해 이야기해주면서, 공항으로 마중 나와 달라고 부탁합니다.

Bonjour,

Comment ça va ? Je t'écris depuis la Chine. Je suis actuellement à Pékin avec ma sœur et tout se passe très bien. Il y a tellement de monuments à visiter et tellement de choses à découvrir que l'on n'a pas le temps de s'ennuyer. Par contre comme la ville est immense, on passe notre temps à marcher et le soir on est bien fatiguées. Les nourritures sont bonnes et les gens sont sympas. Je suis très contente de mes vacances. Je rentre en Corée dans 3 jours et j'aimerais savoir si tu es disponible ce jour-là pour venir nous chercher à l'aéroport. Je te raconterai toutes les aventures que j'ai faites avec ma sœur, et à ce moment-là je te passerai les super bons gâteaux que j'ai achetés ici pour toi. Dis-moi si c'est possible pour toi, je te donnerai la date et l'heure de notre arrivée.

Bises,

안녕,

어떻게 지내니? 지금 중국에서 편지를 쓰는 거야. 나는 현재 언니와 함께 베이징에 있고, 별일 없이 여행을 잘 하고 있어. 봐야 할 기념물들이 너무 많고 알아야 할 것들도 아주 많아. 지루할 시간이 없어. 반대로

도시가 크기 때문에, 많이 걸어 다녀서 저녁에는 피곤해. 음식은 맛이 있고 사람들도 친절해. 나는 이번 휴가가 아주 만족스러워. 3일 후에 한국으로 돌아갈 거야. 그날 네가 공항으로 우리를 마중 나올 수 있는지 알고 싶어. 만나면 언니와 겪은 모든 일들을 네게 얘기해 줄게. 그리고 그때 너를 위해 여기서 산 아주 맛있는 케이크도 전해줄게. 마중 나올 수 있는지 내게 말해줄래. 도착 날짜와 시간을 알려줄게. 잘 지내,

3 당신은 프랑스 펜팔 친구를 찾고 있습니다. 우연히 인터넷에서 다음과 같은 광고를 봤습니다. 당신은 바로 그에게 답장을 씁니다.

> 안녕하세요,
> 제 이름은 피에르입니다. 저는 리용2 대학의 학생입니다. 작년에 한국어를 배우려고 한국에서 1년을 지냈습니다. 그리고 나서 학업을 계속하기 위해 프랑스로 다시 돌아왔습니다. 한국에 대해 좀 더 잘 알기 위해 그리고 한국어를 향상시키기 위해 한국 펜팔 친구를 만나고 싶습니다. 만약 당신이 프랑스어를 배우고 싶다면 기꺼이 도와 줄 수 있습니다. 당신의 대답을 기다리면서,

Bonjour,

Je m'appelle Sera Park, je vous écris après avoir vu votre annonce de recherche de correspondants. Je suis Coréenne, je suis en troisième année de littérature française à la fac. Je compte partir en France l'année prochaine pour un séjour linguistique, et j'ai besoin d'améliorer mon français et de mieux connaître la France. Il serait parfait que l'on devienne correspondants. Vous me parlerez de la France et je vous présenterai la Corée. Vous pourrez m'écrire en Coréen si vous voulez, et moi je vous écrirai en Français. J'attends votre réponse.

Cordialement,

안녕하세요,

제 이름은 박세라입니다. 펜팔 친구를 찾는다는 당신의 광고를 보고 연락을 드립니다. 저는 한국 사람이며, 대학에서 프랑스 문학을 전공하는 3학년 학생입니다. 저는 내년에 어학연수를 받으러 프랑스로 떠날 생각입니다. 그래서 저의 프랑스어 실력을 향상시키고 또 프랑스에 대해서도 더 깊이 알아야 합니다. 우리는 서로에게 완벽한 펜팔 친구가 될 것 같습니다. 당신은 내게 프랑스에 관해 말해 줄 것이고 나는 당신에게 한국을 소개해 줄 것입니다. 원한다면 한국어로 편지를 쓰셔도 됩니다. 저도 프랑스어로 편지를 쓰겠습니다. 당신의 답변을 기다리며. 진심을 전하며,

4 당신은 파리에 있는 어학원에서 프랑스어 강의를 듣고 있습니다. 당신은 잘 지내고 있다고 당신의 선생님에게 이메일을 보냅니다.

Bonjour Mme Bernard,

Cela fait déjà 3 mois que je suis arrivé à Paris et que j'apprends le français avec vous.

J'aime bien notre classe, car comme il y a toutes les nationalités, on fait beaucoup d'échanges culturels. Cela m'apprend aussi à parler de mon pays en français. J'apprécie votre façon de nous apprendre. Vous essayez de comprendre les difficultés de chacun et de nous donner des conseils utiles et adaptés. Je peux vous dire que j'ai fait beaucoup de progrès grâce à vous. Je suis également satisfait du programme qu'on suit. Il est complet et bien équilibré entre les parties orale, écrite et grammaire. Je sens qu'en fin d'année je pourrai bien réussir mon examen de Delf.

Cordialement,

안녕하세요, 베르나르 선생님.

제가 파리에 도착해 당신에게 프랑스어를 배운지 벌써 3개월이 되었습니다. 저는 우리 반을 아주 좋아합니다. 다양한 국적이 모여 있어서 많은 문화적 교류를 할 수 있기 때문입니다. 그리고 이것은 프랑스어로 내 나라에 대해 이야기하라고 가르칩니다. 저는 당신의 강의 방법을 높이 평가합니다. 당신은 학생들 각자의 어려움을 이해하려고 하고 그리고 유용하고 꼭 맞는 조언을 해주려고 노력하십니다. 저는 당신 덕분에 많은 진전을 이뤘다고 자신 있게 말할 수 있습니다. 또한 지금 듣는 강의 프로그램에 대해서도 만족합니다. 구두, 작문 및 문법 파트 간 균형이 잘 잡혀있고 완벽합니다. 저는 연말에 Delf 시험에 합격할 수 있을 것 같습니다. 진심을 전하며,

5 당신은 학업을 위해 새로운 도시로 얼마 전에 이사했습니다. 당신의 친구에게 새로운 생활에 대해 이야기해주려고 메일을 씁니다. 당신은 지금 하고 있는 일을 설명해주면서 친구에게도 질문을 던집니다.

Salut, comment vas-tu ?

Je suis bien arrivée à Lyon et le déménagement s'est bien passé grâce à l'aide d'une amie qui habite ici depuis quelques années. Elle m'a aussi proposé de sortir ensemble ce weekend, elle va me présenter la ville et ses copines. Je ne connais rien ici pour le moment, j'essaie de repérer ce qui existe autour de mon appartement. J'apprécie que le métro soit en bas de chez moi et qu'il y ait tous types de magasins juste à côté. Comme mon cours commence dans deux semaines, la semaine prochaine je vais prendre du temps pour décorer l'appartement à mon goût. Je vais essayer d'aller voir les magasins de décoration intérieure pour trouver des idées et des objets qui me plaisent. Et toi, quoi de neuf à Paris ? Tout se passe bien de ton côté ? J'espère que tu viendras me voir rapidement.

À bientôt,

안녕, 잘 지내니?

나는 리옹에 잘 도착했어. 몇 년 전부터 이곳에 살고 있는 친구의 도움을 받아서 이사도 잘 했어. 그녀가 이번 주말에 같이 외출하자고 해. 그녀가 내게 이 도시와 그녀의 친구들을 소개해줄 거야. 나는 지금 이곳에 대해 아무것도 몰라. 그래서 내 아파트 주위에 있는 것을 알아두려고 노력하고 있어. 지하철이 나의 집

아래에 있고 모든 종류의 상점들이 근처에 있어서 아주 좋아. 강의가 2주 후에 시작되기 때문에, 다음 주에 시간을 내서 내 취향대로 아파트를 꾸며보려고 해. 내 마음에 드는 물건과 아이디어를 찾기 위해 인테리어 가게에 가 볼 계획이야. 그런데 너는 파리에서 어떻게 지내니? 하는 일 모두 잘되어 가고 있니? 네가 나를 빨리 보러 왔으면 좋겠다. 곧 만나자,

6

당신은 방금 아래의 초대장을 받았습니다. 그런데 안타깝게도 그날, 당신은 시간이 안 됩니다. 당신은 초대를 거절하고, 사과하면서 참석할 수 없는 이유를 밝혀보세요.

> 친애하는 친구들에게,
> 종강을 맞이해서 우리는 종강 파티를 열려고 합니다. 모든 학급 친구를 초대하게 되어 기쁩니다. 날짜: 5월 20일 목요일 오후5시, 장소: 댄스홀, 참가비: 1인당 5유로. 원활한 진행을 위해 5월 15일 이전에 여러분의 참석 여부를 우리에게 알려주시기 바랍니다. 여러분의 참석을 기대하며 미리 감사드립니다.
> 실비와 운영 팀

Salut Sylvie,

Merci pour cette organisation et cette invitation. Malheureusement je ne pourrai pas être avec vous ce soir-là, car j'ai un entretien d'embauche. Pour cela je dois me déplacer à Paris, donc je prévois de prendre le train le matin et de dormir sur place chez un ami cette nuit-là. Je rentrerai à Bordeaux le lendemain matin. Je suis désolé de ne pas pouvoir vous aider pour l'organisation. Mon cœur restera avec vous malgré tout. Je vous souhaite une très bonne fête. N'oubliez pas de prendre des photos et de les poster sur les pages de nos réseaux sociaux.

À bientôt,

Paul

안녕 실비,

이런 행사를 준비하고, 초대해 줘서 고마워. 그런데 안타깝게도 그날 입사 면접 때문에 너희들과 함께 할 수 없을 것 같아. 면접을 보러 파리로 떠나야만 하거든. 아침에 기차를 타고 그날 밤 친구 집에서 잠을 잘 예정이야. 그리고 다음날 아침 보르도로 다시 돌아올 거야. 이런 행사를 준비한 너희들을 도울 수 없어서 미안해. 어쨌든 내 마음은 너희들과 함께 할 거야. 신나는 파티가 되기를 기원할게. 그리고 사진을 찍어 소셜 네트워크 페이지에 게시하는 거 잊지 말아줘. 조만간 보자,

7

당신은 방금 아래의 초대장을 받았습니다. 그런데 안타깝게도 당신은 그날 약속이 잡혀 있습니다. 당신은 선물 구입 모금에는 참여하지만, 초대는 거절합니다. 미안하다는 말과 함께 참석할 수 없는 이유를 밝혀보세요.

안녕,
너도 잘 알다시피 우리의 친구인 지민이 곧 한국으로 떠나. 그래서 크리스틴과 나는 작은 선물을 준비하고 다과회를 열어 깜짝 파티를 해주하려고 해. 너는 어떻게 생각하니? 이 아이디어가 괜찮다면, 우리는 봉투를 돌려서 약간의 돈을 걷으려고 해. 시내에 나가 선물을 고르는 것은 내가 맡을게. 그리고 지민에게 작별 인사를 하고 싶으면, 7월 12일 금요일 14시에서 15시에 선물 증정과 함께 다과회를 여는데 그때 오면 될 것 같아. 곧 만나자. 마리

Salut Marie,
C'est une super idée de lui faire un pot de départ surprise ! J'ai vraiment envie d'y être là vendredi pour lui dire au revoir et lui donner notre cadeau ensemble, mais malheureusement je ne serai pas disponible ce jour-là. Tu sais bien que vendredi dernier j'ai fait une chute pendant que je faisais de l'escalade. Le médecin me dit que mon genou gauche a vraiment besoin d'être opéré, et justement l'opération aura lieu le 12 juillet. Par contre, je n'oublierai pas de mettre ma participation dans l'enveloppe qui va circuler. Avez-vous pensé à faire une carte de vœux commune ? Je pense qu'elle l'appréciera beaucoup si chacun lui laisse des petits mots d'encouragement et de souvenir. Je n'y manquerai pas de lui dire au revoir à part.
Amitiés, Mélina

안녕 마리,
지민에게 깜짝 다과회를 열어주는 거 너무 좋은 아이디어야! 금요일에 파티에 참석해서 지민에게 작별 인사도 하고 선물도 함께 건네주고 싶지만, 안타깝게도 그날 시간이 안 될 것 같아. 지난 금요일에 내가 등반하다 떨어졌다는 거 너도 알지. 의사선생님이 내 왼쪽 무릎을 수술해야 한다고 하셔. 그런데 바로 7월 12일에 수술 날짜가 잡혔어. 그렇지만, 나는 선물 구입 모금 봉투는 잊지 않고 참여할게. 단체 카드를 만드는 것에 대해서는 생각해 봤니? 우리들 각자가 격려와 추억의 말을 적어주면 그녀가 굉장히 고맙게 여길 거라 생각해. 그리고 그녀에게 따로 작별인사를 잊지 않고 할게. 우정을 담아,

8 당신은 교환학생으로 프랑스에 왔고, 대학 기숙사에서 지내고 있습니다. 8개월이 지난 후, 당신은 출국 전에 작은 파티를 열려고 합니다. 기숙에 사는 모든 친구에게 보내는 초대장을 작성해보세요.

Salut les amis,
Après 8 mois de vie en France, je retourne en Corée lundi prochain. J'ai passé de superbes moments ici avec vous. Nos échanges étaient riches et j'ai pu progresser rapidement en français grâce à vous tous. Je compte organiser un pot de départ ce vendredi à partir de 18 h dans la salle des fêtes de notre résidence. Je me charge de préparer les snacks et les boissons, vous n'avez qu'à venir. J'aimerais tous vous voir ce jour. Merci de me confirmer rapidement votre présence.
À bientôt, Woojin

안녕 친구들,
프랑스에서 8개월 동안의 생활을 마치고, 나는 다음 월요일에 한국으로 다시 돌아가. 나는 너희들과 이곳에서 아주 멋진 시간을 보냈어. 서로서로 교류도 많았고, 그리고 너희들 덕분에 프랑스어도 빠르게 발전할 수 있었어. 그래서 나는 이번 금요일 오후 18시부터 기숙사에 있는 파티 룸에서 다과회를 열려고 해. 내가 과자와 음료를 준비할거고, 너희들은 오기만 하면 돼. 그날 너희들 모두를 봤으면 해. 참석 여부를 빨리 알려주면 고맙겠어. 곧 만나자,

9

당신은 이사를 한 후, 당신의 친구들에게 이메일을 씁니다. 이사에 참여한 친구들에게 감사의 말을 전하고, 집들이에 모두 초대합니다. 당신은 그들에게 날짜, 시간, 장소 그리고 찾아오는 길 같은 유용한 정보를 알려줍니다. 그리고 그들에게 먹을 것을 가져오라고 요청합니다.

Salut tout le monde,
Mon déménagement s'est bien passé. C'était un gros travail, mais grâce à Sylvie, Jean, et Pierre, j'ai pu gagner beaucoup de temps et d'énergie. Mercis mille fois à vous trois. Après une semaine d'aménagement et de rangement, mon appartement est prêt à vous recevoir. Je vais organiser une pendaison de crémaillère, je vous invite à me rejoindre ce samedi à partir de 13h. Voici ma nouvelle adresse : 30 avenue des Géants, 75022 Paris. Descendez à la station Géants, et prenez la sortie 3, vous tomberez directement sur l'avenue et il vous suffira de trouver le numéro 30. C'est 5 min à pied au maximum. En bas de mon bâtiment vous verrez une agence de la Banque Générale. Je me charge de préparer le repas et le dessert, pourriez-vous me porter des boissons et des petits gâteaux ? Merci de me confirmer rapidement votre présence.
À très bientôt,

모두들 안녕,
이사는 잘 마쳤어. 큰 일이었지만 실비, 장, 피에르 덕분에 많은 시간과 에너지를 절약할 수 있었어. 너희 셋에게 진심으로 감사해. 1주일 동안 가구를 배치하고 정리를 했고, 이젠 너희들을 우리 아파트에 초대할 수 있게 됐어. 집들이를 할 생각이야. 이번 토요일 13시 이후에 우리 집에 오면 돼. 내 새 주소는 30 avenue des Géants, 75022 Paris야. 제엉역에서 내려서 3번 출구로 나오면 바로 큰 길로 나오게 돼. 그리고 나서 번호 30번만 찾으면 돼. 도보로 기껏해야 5분 거리에 있어. 내 건물 맨 아래에 제네랄 은행 지점이 보일 거야. 식사와 디저트는 내가 맡을게. 너희들은 음료와 케이크를 가져올 수 있겠니? 참석 여부를 빨리 알려주면 고맙겠어. 곧 만나자,

10

당신은 지역 신문에서 아래의 광고를 읽었습니다. 당신은 친구에게 당신과 함께 가자는 제안의 이메일을 씁니다.

화요일 18:30
클래식 콘서트 무료 입장
오늘 저녁 그랑 테아트르(대극장)에서 예일 레비와 함께 하는 엑상 프로방스 국립 오케스트라의 공개 리허설

Salut Cécile,
Comment ça va ?
Je viens de trouver une annonce qui va nous intéresser toutes les deux. Demain soir à 18h 30 l'Orchestre national d'Aix organisera un concert classique au Grand Théâtre, et l'entrée sera libre. Moi j'irai après mon travail, et toi, pourras-tu venir avec moi ? Je sais que tu voulais voir un concert classique depuis longtemps. Après le concert, pourquoi ne pas aller diner ensemble ? Essaie de me donner rapidement ta réponse. Si oui, je réserverai le restaurant où je voulais t'emmener depuis quelque temps. Je trouve leur cuisine vraiment bonne et il faut que tu la découvres aussi.
Je t'embrasse, Junhee

안녕 세실,
어떻게 지내? 방금 우리 둘에게 아주 흥미로운 광고를 봤어. 내일 저녁 18시 30분에 엑스 국립 오케스트라가 그랑 테아트르(대극장)에서 클래식 콘서트를 개최하는데, 입장도 무료라고 해. 나는 일을 마치고 갈 건데, 나와 같이 갈 수 있니? 네가 오래전부터 클래식 콘서트를 보고 싶어했다는 거 알아. 그리고 콘서트가 끝난 후에 함께 저녁 먹을까? 빨리 대답해 줄래. 네가 콘서트에 갈 수 있다면, 얼마 전부터 너를 데려가려고 했던 식당을 예약할게. 내가 생각하기에 그 식당의 음식은 정말 맛있어. 그래서 너도 그것을 먹어봤으면 해.
우정을 전하며,

11

당신은 한 회사의 직원입니다. 한국에서 오는 구매자를 맞이해야 합니다. 당신은 그에게 마중 나가겠다는 이메일을 보냅니다. 당신은 그에게 도착 (날짜, 시간, 비행기 번호)에 관한 모든 정보를 요청하고, 당신도 그가 당신을 알아볼 수 있도록 당신에 대해 묘사합니다.

Bonjour M. Kim,
Je suis M. Bernard Musso, responsable de 'Renault'. Je vous remercie d'avoir décidé de venir nous rendre visite en France. Je viendrai vous accueillir à l'aéroport le jour de votre arrivée. Pourriez-vous me communiquer la date et l'heure de votre arrivée ainsi que le numéro de vol ? Pour vous aider à me reconnaître, je vous laisse une brève description de mon apparence. Je mesure 1m 70, j'ai les cheveux blonds, et je porte des lunettes. Je serai en costume gris et je viendrai avec une petite pancarte portant votre nom et le logo de votre société. Je serai ravi de vous rencontrer, j'attends votre réponse.

Cordialement, Bernard Musso

안녕하세요,

저는 '르노' 회사의 책임자인 베르나르 뮈소입니다. 프랑스로 우리를 방문하기로 결정해주셔서 진심으로 감사드립니다. 당신이 도착하는 날 당신을 맞이하러 공항으로 나가겠습니다. 도착 날짜와 시간 그리고 항공편 번호를 알려주시겠습니까? 그리고 저를 알아볼 수 있도록 제 모습에 대한 간략한 설명을 남깁니다. 저는 키가 1m 70이고, 금발 머리에 안경을 끼고 있습니다. 회색 옷을 입고 나갈 것입니다. 그리고 당신 회사의 로고와 당신 이름이 적힌 플래카드를 가지고 나갈 겁니다. 당신을 만나게 되어 진심으로 기쁩니다. 당신의 답장을 기다리겠습니다. 마음을 전하며,

12

당신은 로라의 생일 초대장을 방금 받았습니다. 당신은 초대해 줘서 감사하다는 편지를 씁니다. 그리고 초대에 응하겠다는 말과 주말 계획에 관한 자세한 정보를 요청합니다.

초대장
9월 15일, 저는 25살이 됩니다. 그래서 작은 파티를 열려고 합니다. 마르세이유에서 친구들과 함께 하는 주말 파티에 여러분들을 초대합니다. 빠른 답변 부탁드립니다.

Bonjour Laura,

Comment ça va ? Merci pour l'invitation, je serai ravie de venir fêter ton anniversaire. Alors comment se déroulera le week-end ? Où l'événement se passera-t-il exactement ? Est-ce qu'on se rencontrera sur place, ou bien qu'on se donne un point de rendez-vous pour y aller ensemble ? J'aimerais aussi savoir s'il y a des choses que je peux apporter ce jour-là pour t'aider. N'hésite surtout pas à me demander de l'aide si tu en as besoin. Je sais que ce n'est pas facile d'organiser un week-end complet entre amis toute seule. Il y a beaucoup de choses à penser et à préparer en avance. J'attends ta réponse.

À bientôt, Hélène

안녕 로라,

어떻게 지내니? 초대해 줘서 고마워. 너의 생일을 축하하러 갈 수 있어 정말 기쁘다. 주말 파티는 어떻게 진행되는 거니? 파티는 정확히 어디서 하는 거야? 우리는 그곳에서 만나는 거야 아니면 함께 가기 위해 약속 장소를 정하는 거야? 그리고 그날 너를 돕기 위해 내가 가져가야 할 것들이 있는지 알고 싶어. 만약 네가 필요하다면, 주저하지 말고 도움을 요청해. 친구들과 주말 내내 즐길 파티를 혼자서 계획하는 것이 쉽지 않다는 거 잘 알아. 미리 생각하고 준비해야 할 것들이 많이 있을 거야. 너의 대답을 기다리며,

13

당신은 1년 동안 프랑스어를 배우기 위해 프랑스에 있습니다. 당신은 원룸에서 삽니다. 당신은 방금 집세를 내지 않았다는 집주인의 이메일을 받았습니다. 당신은 그에게 미안하다는 말을 전하고 집세 지불이 늦은 이유를 밝힙니다.

Bonjour M. Guimard,

Je vous demande de m'excuser pour ce retard. J'ai un problème technique avec ma banque, je ne sais pas comment cela s'est fait, mais elle a bloqué tous mes virements et je suis dans l'impossibilité d'envoyer de l'argent où que ce soit. La banque m'a promis qu'elle résoudra ce problème rapidement, mais je n'ai toujours pas de réponse depuis 2 semaines. Cette fois-ci je paierai le loyer par chèque, vous le trouverez joint à cette lettre. Je suis sincèrement désolé pour ce désagrément.

Cordialement,

안녕하세요,

집세가 지연되어 진심으로 죄송하다는 말씀을 드립니다. 은행 업무와 관련하여 기술적인 문제가 생겼습니다. 어떻게 해서 그런 일이 일어났는지 잘 모르겠습니다. 은행은 모든 이체를 차단하였고 그래서 어디서도 송금을 할 수가 없습니다. 은행은 이 문제를 신속하게 해결할 것이라고 약속했지만 2주 전부터 지금까지 여전히 답변을 받지 못했습니다. 이번에는 임대료를 수표로 지불하겠습니다. 그리고 이 편지에 수표를 동봉하겠습니다. 불편을 끼쳐드려 진심으로 죄송합니다. 마음을 전하며,

14

당신은 '자본' 잡지에 1년간 정기 가입하였습니다. 가입한지 4개월 후에 당신은 이사하게 되었습니다. 당신은 당신의 상황을 설명하고 변경된 주소를 알리는 이메일을 씁니다.

Bonjour,

Je suis abonnée à votre magazine depuis 4 mois et suite à mon déménagement je change d'adresse à compter du 1er avril 2018. Cependant le numéro de téléphone fixe restera le même. Je vous communique ma nouvelle adresse :

Mlle. Anne Kim
85 rue des cathédrale
75000 Paris

Merci de m'envoyer le magazine à cette adresse à partir du mois prochain.

Cordialement,

안녕하세요,

4개월 전부터 당신 잡지를 정기 구독하고 있는데, 이사로 인해 2018년 4월 1일부터 제 주소가 변경됩니다. 그러나 유선 전화 번호는 동일합니다. 당신에게 제 새 주소를 알려드리겠습니다.

Mlle. Anne Kim
85 rue des cathédrale
75000 Paris

다음 달부터 이 주소로 잡지를 보내주시면 감사하겠습니다. 마음을 전하며,

15

당신은 프랑스 펜팔 친구가 있습니다. 당신의 펜팔 친구에게 첫 편지를 씁니다. 당신의 성격, 취향, 문화 활동 또는 스포츠 활동의 선호도에 대해 이야기합니다. 그리고 펜팔 친구

에게도 개인적인 질문을 던집니다.

Bonjour Myriam,
Je suis ravie de t'avoir comme correspondante. Je m'appelle Mina Kim, j'ai 23 ans et j'habite à Busan, dans le sud de la Corée. Je suis plutôt timide mais je suis joyeuse et positive. J'aime beaucoup faire la cuisine et comme je suis gourmande, j'adore découvrir la cuisine des différentes régions de mon pays mais aussi celle de différents pays. Surtout, j'aime bien la cuisine française, un jour j'espère pouvoir aller voyager en France et goûter la vraie cuisine française. Je ne suis pas très sportive, je fais du yoga de temps en temps mais ce n'est pas vraiment ma passion. Par contre j'aime écouter la musique. J'écoute en ce moment IU et BTS, tu dois les connaître puisque tu as écrit dans l'annonce que tu aimes bien la k-pop. Et toi, quels musiciens préfères-tu ? Y a-t-il des chansons françaises que tu trouves bien et que tu me recommandes ?
En espérant avoir de tes nouvelles, Mina

안녕 미리암,
너를 내 펜팔 친구로 맞이하게 되어 정말 기뻐. 내 이름은 김미나이고 23살이야. 그리고 한국의 남쪽에 있는 부산에 살고 있어. 나는 좀 수줍어 하지만 유쾌하고 긍정적인 성격을 가지고 있어. 요리하는 것을 아주 좋아해. 그리고 나는 미식가여서, 우리나라의 여러 지역 음식뿐만 아니라 다른 나라의 요리도 맛보는 것을 아주 좋아해. 특히 프랑스 음식을 아주 좋아하는데, 언젠가 프랑스로 여행 가서 진짜 프랑스 음식을 맛보고 싶어. 나는 운동을 좋아하지 않아. 때때로 요가를 하지만 그것은 진짜 내 열정은 아니야. 그런데 음악 듣는 것은 좋아해. 요즘 IU와 BTS를 듣고 있어. 네가 k-pop을 좋아한다고 광고에 썼으니 이 가수들은 알고 있어야 할거야. 그런데 어느 뮤지션을 좋아하니? 네가 생각하기에 좋고 또 나에게 추천해 줄 만한 프랑스 노래가 있니? 너의 소식을 기다리며,

16 당신은 일로 파리에 가야 합니다. 그래서 당신은 도착을 알리는 편지를 씁니다. 누군가 공항에 나와 당신을 기다리기 때문에 모든 정보를 알려줍니다. : 나이, 키, 머리 색깔, 옷, 도착 시간, 항공편 번호 등등.

Monsieur,
Je m'appelle Mme Hana Lee, professeur de l'université de K. Je viens à Paris au début de la semaine prochaine pour participer à un forum, j'ai fait appel aux services de votre entreprise pour que quelqu'un vienne me chercher à l'aéroport à mon arrivée et m'emmener jusqu'à l'hôtel. J'arriverai à l'aéroport de Charles de Gaulle le mardi 25 avril à 18h 30 avec le vol AF500. Je vais me décrire pour qu'on se retrouve plus facilement : j'ai la quarantaine, et je mesure 1m 65. Je porte des lunettes et j'ai les cheveux noirs coupés au carré. Je porterai un tailleur gris ce jour-là. Je vous laisse également mon numéro de téléphone : + 82 10 25 41 89. Merci d'avance.
Cordialement, Hana Lee

담당자님께,
제 이름은 이하나입니다. K대학 교수입니다. 저는 포럼에 참여하기 위해 다음 주 초에 파리에 갑니다. 제 도착 시간에 누군가 공항에 나와 저를 호텔까지 데려다줄 수 있도록 당신 회사에 서비스를 요청했습니다. 저는 4월 25일 화요일 18시 30분에 AF500편으로 샤를르 드 골 공항에 도착합니다. 서로 쉽게 찾을 수 있도록 저에 대해 자세히 설명해드리겠습니다. 저는 40대이고, 키는 1미터 65입니다. 안경을 쓰고 있고, 검은 단발머리입니다. 저는 그날 회색 투피스를 입을 것입니다. 전화번호도 남겨두겠습니다 : + 82 10 25 41 89. 미리 감사드립니다.

17 당신은 방금 청첩장을 받았습니다. 안타깝게도 당신은 참여할 수 없습니다. 예비부부의 부모님들께 축하의 인사를 보내고 초대에 응할 수 없다는 편지를 씁니다. 당신은 불참하게 되어 미안하다는 말과 불참하는 이유를 밝힙니다.

앙리와 마리는

당신을 그들의 결혼식에 초대하게 되어 기쁩니다.
결혼식은 2018년 5월 14일 토요일 오후 3시에 엑상 프로방스의 생-소뵈르 교회에서 거행됩니다.
종교 행사가 끝나면 프랑코 강당에서 감사의 음료가 제공됩니다.
또한 저녁 8시부터 듀가르송 카페에서 거행되는 피에스 몽테에도 초대합니다.
(피에스 몽테 : 프랑스에서 주로 결혼식이나 성찬식 때 먹는 음식이다. 케이크나 빵을 위로 쌓아서 높인 모양이다.)

Bonjour Robert,
Merci beaucoup pour ce faire part et toutes mes félicitations aux futurs mariés. J'ai vivement envie d'assister au mariage, mais malheureusement je ne serai pas disponible ce jour-là. Tu sais que ma femme a eu une grosse opération aux poumons récemment. Nous allons partir en cure de repos dans les Pyrénées pendant la semaine du 9 mai. On a attendu longtemps pour avoir une place dans un centre spécialisé, on n'a pas la possibilité de changer de date. Je suis vraiment navré de te donner cette réponse. Je vous souhaite une belle préparation et un très beau mariage, et je ne manquerai d'écrire une lettre de vœux à Henri et Marie. S'ils ont une liste de mariage, merci de m'en informer. J'espère qu'on se reverra rapidement après notre retour.
Amicalement,
Vincent

안녕 로버트,
청첩장을 보내줘서 고마워. 그리고 예비부부에게도 진심으로 축하한다고 전해줘. 나는 진심으로 결혼식에 참석하고 싶은데 안타깝게도 그날 갈 수가 없을 것 같아. 최근에 내 아내가 폐 수술을 크게 받았다는 거 알지. 우리는 5월 9일 주중에 피레네 산맥으로 안정을 취하러 떠날거야. 전문 센터에 자리가 나기를 오랫동안 기다렸어. 그래서 날짜 변경을 고려해 볼 수가 없어. 이런 답변을 하게 되어 정말 유감스러워. 결혼식 준비 잘 하고 멋진 결혼식이 되기를 기원해. 그리고 앙리와 마리에게 잊지 않고 행복을 기원하는 편지 꼭 쓰도록 할게. 그들이 결혼 선물 목록을 가지고 있다면, 내게 알려주면 고맙겠어. 우리가 돌아온 후에 다시 만날 수 있기를 바래. 우정을 담아서,

18

당신은 콘테스트에 참가해서 1등상을 받았습니다. : 2인 니스 체류 경품. 당신은 가장 친한 친구에게 편지를 써서 당신에게 일어난 일을 설명하고 당신과 함께 여행을 하자고 제안합니다. 니스에서 할 활동들을 그에게 설명해줍니다.

니스

호텔 파라디
더불룸 4박 5일
전용 수영장. 200m에 해변 : 윈드서핑, 다이빙 보트 …
테니스, 인근에 골프
레스토랑 다수, 인근에 다양한 상점
3분 거리 마을에 셀프서비스 상점 · 슈퍼마켓

Bonjour Yohan,

Je viens de gagner le premier prix d'un jeu concours, on m'offrira un séjour de 4 nuits et 5 jours à Nice pour deux personnes. J'ai pensé à toi immédiatement, car tu voulais aller voir Nice depuis longtemps. Es-tu disponible début mai ? Veux-tu venir avec moi ? Cette offre comprend l'hôtel, et diverses activités sont possibles à proximité. On pourra jouer à tout moment dans la piscine privée de l'hôtel, et à la plage qui se trouve à 200 m de l'hôtel, on pourra faire de la planche à voile et de la plongée. Si on ne veut pas jouer dans l'eau, on pourra aller faire du tennis et du golf. Ne t'inquiète pas pour les repas, les restaurants ne sont pas loin de l'hôtel, on pourra faire du shopping à côté. J'espère que tu viendras avec moi profiter de ce séjour à Nice. Je suis sûr que l'on passera de superbes moments ensemble, et que l'on repartira avec plein de souvenirs.

À bientôt,

Paul

안녕 요한,

나는 방금 콘테스트에서 1등 상을 받았어. 니스에서 2명이 4박 5일 동안 체류할 수 있는 경품권도 준대. 네가 오래전부터 니스에 가고 싶어 했기 때문에, 바로 너를 생각했어. 5월 초에 시간을 낼 수 있니? 나와 함께 갈 수 있니? 이 경품권은 호텔 숙박이 포함되어 있어. 그리고 호텔 근처에서 다양한 활동들을 할 수 있어. 언제든 호텔 전용 수영장에서 수영할 수 있고, 호텔에서 200m 떨어진 해변에서는 윈드서핑과 다이빙을 즐기실 수 있어. 물속에서 놀고 싶지 않으면 테니스와 골프를 치러 갈 수도 있고. 식사에 대해서는 걱정하지마. 레스토랑은 호텔에서 멀지 않은 곳에 있어. 근처에서 쇼핑도 할 수 있어. 나와 함께 니스에 가서 며칠 즐겁게 지낼 수 있기를 바래. 우리는 함께 즐거운 시간을 보내고, 많은 추억을 가지고 돌아오리라 확신해. 곧 만나자,

19

당신은 당신 친구로부터 프랑스 영화 상영 초대장을 받았습니다. 그런데 안타깝게도 당신은 그날 시간이 안 됩니다. 당신은 미안하다는 말과 갈 수 없는 이유를 밝히면서 친구에게 거절의 편지를 씁니다.

> 2인 초대장
>
> 투르 드 프랑스
> 메가박스
> 2018년 9월 5일 금요일 오후 3시

Bonjour Sandrine,

Comment vas-tu ? Je viens de recevoir ton invitation pour «Tour de France », et je te remercie beaucoup d'avoir pensé à moi. Malheureusement je ne pourrai pas y aller, car je dois aller à Marseille pour un voyage d'affaires à ce moment-là. On a des problèmes sérieux avec nos clients, il faut que j'y aille pour essayer de les résoudre.

Je suis désolée et triste de devoir refuser cette invitation, car je voulais vraiment aller voir ce film depuis longtemps. Par contre pourra-t-on se rencontrer après mon retour ? Récemment j'ai découvert un superbe restaurant au Marais, et il faut que tu le découvres aussi. J'attends ta réponse.

À bientôt, Monique

안녕 상드린,

어떻게 지내니? 방금 네가 보내준 "투르 드 프랑스" 영화 초대권 잘 받았어. 나를 생각해 줘서 고마워. 그런데 안타깝게도 그날 출장으로 마르세이유에 가야 해서 영화를 보러 갈 수 없을 것 같아. 고객과 심각한 문제가 생겨서 그 문제를 해결하기 위해 꼭 가야 하거든. 오래전부터 이 영화를 꼭 보고 싶었기 때문에 이번 초대를 거절하는 것이 유감스럽고 슬프다. 그건 그렇고 내가 돌아온 후에 우리 만날까? 최근에 마레에 있는 근사한 레스토랑 하나를 알게 되었어. 너도 그 레스토랑을 알아두었으면 해. 너의 답장을 기다리며. 곧 만나자,

20

당신은 다음과 같은 편지를 받았습니다. 당신은 프랑스 친구에게 초대에 응할 수 없다는 답장을 씁니다. 초대에 응할 수 없는 이유를 설명하고 그에게 다른 것을 제안해보세요.

> 6월 10일, 파리
>
> 안녕,
>
> 여름 방학이 다가오고 있어. 네가 보고 싶구나. 네가 아직 파리를 여행 못했다는 거 알아. 그래서 우리 집에 와서 2주 동안 같이 지냈으면 해. 너에게 내가 사는 도시를 보여주고 너와 함께 여행도 할까 해. 가능한 한 빨리 답변해 해줄래. 우정으로, 너의 친구

Salut Jean,

Comment vas-tu ? Cela fait longtemps qu'on n'a pas échangé de nos nouvelles. Tout se passe bien à Paris ? Moi tout va bien à Toulouse, je continue ma routine. Merci pour l'invitation. J'ai beaucoup envie d'aller te voir et de visiter Paris, mais malheureusement je serai en Italie à ce moment. Il s'agit d'un voyage en sac à dos avec deux autres amis, on partira faire le tour de l'Italie pendant 2 mois. Je ne peux pas l'annuler car on l'a prévu depuis longtemps. Pourra-t-on se voir pendant les vacances d'hiver ? C'est encore dans très longtemps, on essaiera de planifier tout cela en avance.

Amicalement,

Pascal

안녕 장,

어떻게 지내니? 우리가 서로 소식을 못 전한 지 오래됐네. 파리에서 너는 별일 없지? 나는 툴루즈에서 잘 지내고 있고, 똑같은 일상을 보내고 있어. 나를 초대해 줘서 고마워. 진심으로 너도 보고 파리도 방문하고 싶은데, 안타깝게도 그때 이탈리아에 있을 것 같아. 다른 두 친구들과 함께 배낭여행을 하기로 했어. 2개월 동안 이탈리아를 일주할 거야. 오래전부터 계획한 것이라 취소할 수가 없어. 우리 겨울 방학에 볼까? 아직 한참 뒤의 일이지만, 미리 모든 계획을 짜보려고. 우정으로,

21

한 친구가 당신에게 다음과 같은 편지를 보냈습니다. 당신은 그의 초대를 수락하거나 거절할 수 있습니다. 초대를 수락한다면, 몇 가지 자세한 설명을 요구해보세요. 초대를 거절한다면 그 이유를 설명해보세요.

> 친애하는 친구에게,
>
> 2주 전에 우리는 엑스의 새 집으로 이사했어. 그래서 3월 15일에 작은 파티를 열려고 해. 그리고 가족과 함께 너를 초대하려고 해. 네가 원한다면, 우리 집에서 잘 수도 있어. 비어 있는 방이 있거든. 빨리 대답해 줄 수 있니? 우정으로,

Coucou,

Merci pour ton invitation. Sophie et moi irons vous voir avec un grand plaisir. On compte réserver le train ce soir. Est-ce qu'on pourra rester chez vous pour 3 jours ? On viendra par exemple le 14 mars, et on repartira pour Paris le 16 mars dans la journée. Comme ça, on aura un peu de temps pour découvrir la ville aussi. Dis-moi si cela ne dérange pas ta famille. On s'adaptera selon votre planning. Et on aimerait participer à la préparation de la fête. Qu'est-ce qu'on peut vous porter d'utile ? N'hésitez pas à nous le demander. Sinon tout se passe bien à Aix ? Êtes-vous en forme ? Je pense à vous.

À bientôt,

안녕,

초대해 줘서 고마워. 소피와 나는 기쁜 마음으로 당신들을 보러 갈게. 오늘 밤에 기차를 예약할 예정이야. 3일 동안 너희 집에 머물러도 되겠니? 예를 들어 3월 14일에 가서, 3월 16일 그날 파리로 다시 돌아올 거야.

이렇게 하면, 네 도시를 둘러볼 시간을 좀 갖게 될 것 같아. 혹 우리의 방문이 너의 가족을 방해하는 것은 아닌지 말해줄래. 우리는 너희 가족의 스케줄에 맞출 수 있어. 그리고 파티를 준비하는데 참여하고 싶어. 당신들에게 유용한 것을 가져갈까 하는데? 주저하지 말고 우리에게 얘기해줘. 그건 그렇고 엑스에서 하는 일은 모두 잘 되어가니? 건강은 괜찮니? 당신들을 생각하며. 곧 보자,

22

당신은 파리에서 가족과 함께 휴가를 보내고자 합니다. 그래서 비행기 표를 예약하려고 여행사에 이메일을 보냅니다. 정보: 성인 2명, 7세 어린이 왕복 항공권 3장, 월요일 7일 출발, 일요일 13일에 돌아옴.

Bonjour,

Nous comptons voyager à Paris et nous souhaitons réserver des billets allers-retours en avion pour trois personnes, c'est-à -dire deux adultes et un enfant de 7 ans. Nous aimerions partir le lundi 7 avril dans la matinée de l'aéroport de Toulouse, et y revenir le dimanche 13 avril dans la soirée. Y a-t-il encore des places ? Ce n'est pas grave si les trois sièges ne sont pas côte à côte, mais il faudra que deux sièges soient côte à côte pour que l'enfant ne reste pas seul. Vous trouverez ci-joint les copies de nos passeports pour nos informations personnelles. Merci de nous dire les heures disponibles pour nos voyages et de nous indiquer comment on peut régler les billets. Je vous laisse mes coordonnées : + 33 6 8 10 50 31, paul-valery@Proueset.com.

Cordialement,

안녕하세요,

우리는 파리 여행을 계획하고 있습니다. 그래서 왕복 항공권 3장을, 즉 성인 2명과 7세 아동, 예약하려고 합니다. 우리는 툴루즈 공항에서 4월 7일 월요일 아침에 출발해서, 4월 13일 일요일 저녁에 돌아오고 싶습니다. 아직 자리가 있습니까? 좌석 3개가 나란히 있지 않아도 상관없지만, 어린 아이가 혼자 앉지 않도록 2개의 좌석은 나란히 붙어 있었으면 합니다. 개인 정보를 위해 여권 사본을 첨부합니다. 가능한 시간을 알려주시고 어떻게 티켓을 정산해야 하는지 알려주시면 감사하겠습니다. 제 연락처를 남기겠습니다 : + 33 6 8 10 50 31, paul-valery@Prouset.com. 진심을 전하며,

23

당신은 방금 다음과 같은 메일을 받았습니다. 당신은 한국 친구의 소식을 받게 되어 매우 기쁩니다. 그에게 답장을 써서 당신의 개인적이고 직업적인 일상에 대해 말해줍니다.

친애하는 친구야,

어떻게 지내니? 낭뜨 대학에서 우리 함께 공부했었지. 우리가 못 본 지 벌써 2년이 되었네. 너 나 기억나니? 우연히 네 주소를 발견했어. 난 한국으로 돌아와서 프랑스 문화원에서 일을 찾았어. 너는 뭐하고 있니? 너의 소식을 들으면 너무 기쁠 것 같아. 내 이메일 주소 남길게. kaka77@hohosa.net. 잘 지내,

Nante, le 7 avril

Salut Yuna,

Je te remercie pour ta lettre. Bien sûr, je me rappelle de toi ! Je suis très contente d'avoir de tes nouvelles. Je reste toujours à Nante pour continuer mes études. Cette année je vais finir mon master, et dès septembre je commencerai ma première année de doctorat. Mon dossier a été accepté à la fois à Paris et à Nante, mais pour l'instant j'hésite encore entre rester ici et partir pour une nouvelle vie. J'aime beaucoup ma vie à Nante, mais pour ma carrière je devrais continuer mes études à Paris. J'aime aussi Paris, mais seulement en tant que touriste. La vie coûte cher et les gens sont stressés pour rien. Voilà, donc je suis toujours en pleine réflexion. Et toi le travail à l'institut culturel français te plaît-il ? La France, ne te manque-t-elle pas trop ? Bonne continuation !

Amitiés, Stella

안녕 유나,

편지 보내줘서 고마워. 물론, 너를 기억하지! 너의 소식을 듣고 너무 기뻤어. 나는 학업을 계속하기 위해 낭뜨에 아직 있어. 올해 석사 학위를 끝낼 거고, 9월부터는 박사 첫 해를 시작할 예정이야. 내 (입학)서류는 파리와 낭뜨에서 동시에 승인되었지만, 지금은 이곳에 머무는 것과 새로운 삶을 위해 떠나는 것 사이에서 여전히 망설이고 있어. 나는 낭뜨에서의 삶을 좋아해. 그러나 내 커리어를 생각한다면, 파리에서 학업을 계속해야겠지. 나도 파리를 좋아하지만 단지 관광객으로서야. 생활비가 비싸고 사람들은 아무 것도 아닌 것에 스트레스를 받아. 그래서 나는 계속 그것에 대해 고심 중이야. 그런데 프랑스 문화원에서 하는 일은 맘에 드니? 프랑스가 너무 많이 그립지는 않니? 하는 일 계속 잘하길 빌어! 우정을 담아,

24 지금 시간은 저녁 10시 입니다. 당신은 집을 비운지 15일 만에 돌아와서 (당신은 일로 런던에 있었습니다.) 다음과 같은 편지를 발견했습니다. 당신은 제안을 거절하는 답장을 씁니다.

> 친애하는 친구에게,
>
> 런던에서 너의 출장이 순조로웠기를 바래. 내일 토요일에 나는 가족과 함께 도봉산으로 소풍을 갈 거야. 우리는 7시에 출발할 건데, 너 우리와 함께 갈 수 있니? 너의 대답을 기다릴게. 우정으로,

Bonjour,

Comment vas-tu ? Il est 22h, je suis enfin rentrée chez moi. Mon voyage d'affaires s'est bien passé, j'ai beaucoup aimé Londres, c'est une très jolie ville avec plein de choses à visiter. Merci pour ta proposition, mais je ne pourrai pas aller avec vous demain. Je suis trop fatiguée, j'ai besoin de me reposer ce weekend pour récupérer du décalage horaire et de la fatigue du voyage. Je vous souhaite une très bonne excursion, j'espère que le temps restera beau demain.

À bientôt, Véronique

안녕,
어떻게 지내니? 지금 시각은 저녁 10시이고, 난 드디어 집으로 돌아왔어. 출장은 순조롭게 잘 진행되었고, 난 런던을 아주 많이 좋아하게 됐어. 런던은 볼만한 곳이 아주 많은 예쁜 도시야. 너의 제안 고마워. 그런데 내일 너희들과 갈 수 없을 것 같아. 나는 시차로 인한 피로와 여행의 피로를 풀기 위해 이번 주말은 쉬어야 할 것 같아. 즐거운 소풍이 되기를 빌며, 내일 날씨가 화창하기를 바래. 곧 보자,

25 당신은 6월 16일부터 26일까지 호텔에 더블 룸을 예약했습니다. 그런데 예약을 취소해야만 합니다. 당신은 사과의 말을 전하면서 그 이유를 밝히는 편지를 씁니다.

Bonjour,
J'ai réservé une chambre double dans votre hôtel du 16 au 26 juin, mais je suis dans l'obligation d'annuler cette réservation. Ma compagnie aérienne vient de m'annoncer que leur personnel sera en grève pendant cette période-là et que par conséquent, mes vols ont étéannulés. Tous les vols des autres compagnies sont déjà pleins, je n'ai pas de moyen pour aller en Corse à cette date. Pourriez-vous me rembourser l'acompte que j'ai payé au moment de la réservation ? Je suis vraiment désolé pour cette annulation. Je reste à votre disposition pour toute question.
Cordialement, Léo

안녕하세요,
저는 6월 16일부터 26일까지 당신 호텔에 더 블룸을 예약했습니다. 그런데 이 예약을 취소하지 않으면 안 될 것 같습니다. 제가 예약한 항공사가 이 기간 동안 직원들의 파업이 있을 예정이어서 제 항공편이 취소되었다는 사실을 알려왔습니다. 다른 항공사들의 모든 항공편은 이미 만석입니다. 이 날짜에 코르시카에 갈 방법이 없습니다. 제가 예약 시 지불 한 보증금을 환불 해 주실 수 있습니까? 취소하게 되어 정말 유감입니다. 저는 어떤 경우라도 당신의 처분을 따르겠습니다. 감사합니다.

26 당신은 가장 친한 친구의 생일 파티에 초대받았습니다. 그런데 그날 이미 다른 파티에 선약이 되어 있습니다. 당신은 친구에게 답장을 써서 미안한 마음을 전하고 당신이 갈 수 없는 이유를 밝힙니다.

초대장
9월 15일은 저의 30번째 생일입니다. 그래서 그날 친구들끼리 작은 파티를 열려고 합니다. 당신을 듀가르송 커피 숍에 초대합니다. 당신의 참석 여부를 빨리 알려주시면 감사하겠습니다.

Coucou Mathilde,
Merci pour l'invitation. J'ai vraiment envie d'y assister pour te souhaiter un bon anniversaire, mais je ne serai pas libre ce soir-là. Je dois aller voir mes parents ce

jour-là pour fêter le 60ème anniversaire de mon père. La soirée a été prévue depuis longtemps par ma mère, elle compte beaucoup sur ma présence. Je dois l'aider à faire la cuisine et à recevoir les invités. Je suis vraiment désolé de ne pas pouvoir être là avec toi. J'espère qu'on se reverra rapidement après ton anniversaire. Je veux t'inviter au restaurant avec plaisir. Bises,

Louis

안녕 마틸드,

생일 파티에 초대해 줘서 고마워. 네 생일을 축하해주러 파티에 꼭 참석하고 싶지만 그날 저녁, 시간이 안 될 것 같아. 나의 아버지의 60세 생일을 축하하기 위해 그날 부모님을 뵈러 가야만 해. 오래전부터 어머니가 저녁 파티를 계획하셨고, 내가 참석하기를 많이 기대하고 있어. 손님을 맞이하고 어머니가 요리하는 것도 도와드려야 해. 네 생일 파티에 함께 할 수 없어서 정말 미안해. 네 생일이 지나고 나서 빠른 시일 내에 다시 만날 수 있기를 바래. 기쁜 마음으로 너를 레스토랑에 초대하고 싶어. 잘 지내,

27

당신은 휴가 중입니다. 프랑스에 있는 친구에게 이메일을 보냅니다. 그에게 날씨와 당신이 하고 있는 활동에 대해 말하고, 그리고 당신이 돌아가는 날짜를 알려줍니다.

Salut,

Comment ça va ? Je suis actuellement en Europe pour mes vacances. La semaine dernière j'étais à Londres, et depuis hier je suis à Madrid. Ici, ce n'est pas comme en Angleterre, il fait très beau avec un grand soleil. J'essaie de me promener partout dans cette ville, les vieux quartiers sont très charmants et je n'ai pas arrêté de prendre des photos. Aujourd'hui j'ai aussi visité le musée du Prado et j'ai admiré les peintures de Velasquez. Demain je visiterai Tolède, qui se trouve seulement 1h de Madrid. J'ai entendu dire que cette ville est très connue pour ses monuments médiévaux et pour sa vue panoramique, et j'ai hâte de la visiter. La cuisine espagnole me plaît beaucoup, certains plats sont épicés comme en Corée et j'aime beaucoup les tapas. Je compte passer 3 jours à Paris avant de rentrer à Séoul.

J'y arriverai lundi matin et mercredi soir je prendrai l'avion pour Séoul. Peut-être peut-on se voir une de ces dates pour boire un verre ensemble ? Dis-moi quand tu seras disponible, je serai ravi de te rencontrer et d'avoir de tes nouvelles.

À bientôt,

안녕,

어떻게 지내니? 나는 현재 유럽에서 휴가를 보내고 있어. 지난주에는 런던에 있었고, 어제부터는 마드리드에 있어. 여기는 영국과 같지 않아. 해가 내리쬐는 화창한 날씨야. 나는 이 도시 구석구석을 다녀볼 생각이야. 구시가지는 아주 매력적이어서 사진 찍는 것을 멈출 수가 없었어. 오늘은 프라도 미술관을 방문했고 거기서 벨라스케스의 작품에 감탄했어. 내일은 마드리드에서 1시간 거리에 있는 똘레도를 구경 갈 거야. 이 도시가 중세 건물과 파노라마와 같은 전망으로 유명하다는 얘기를 들었어. 그래서 빨리 방문해보고 싶어. 나는 스페인 요리가 마음에 들어. 어떤 요리는 한국처럼 향이 강하고 매워. 타파스(아페리티프를 마실 때

제공되는 스페인식의 다양한 앙트레 모음)가 아주 맛있어. 나는 서울로 돌아가기 전에 파리에서 3일을 보낼려고 해. 월요일 아침에 파리에 도착해서 수요일 저녁 서울행 비행기를 탈 예정이야. 이 날짜 중 한 날에 우리 만나서 술 한잔 같이 할 수 있을까? 언제 시간이 되는지 말해줘. 너를 만나 네 소식을 듣게 되면 너무 기쁠 것 같아. 곧 보자,

28

당신 사무실을 아주 어둡고 여름에는 너무 덥고, 크기도 작고 조망도 없는 열악한 위치에 배치하였습니다. 당신은 불만을 제기하면서 사무실을 바꿔달라는 요청의 편지를 인사과장에게 보냅니다. 만족스러운 결과를 얻기 위해 합당한 이유를 제시해보세요.

Madame,

On m'a fait changer de bureau il y a trois mois suite à une réorganisation de l'entreprise. Je ne sais pas comment cela s'est fait mais j'en suis arrivée à partager le bureau avec un collègue qui est du département informatique et le bureau de mon équipe se situe à l'étage au-dessus. Je suis coordinatrice de notre équipe et j'ai besoin de collaborer et communiquer sans cesse avec chaque membre de l'équipe. Le collègue avec qui je partage le bureau trouve que je passe trop d'appels et il me dit qu'il a besoin de calme. Je dois aussi vous dire que notre bureau est trop petit. Comme il n'y a pas de fenêtres, on n'a ni vue, ni lumière. De plus il y a des ordinateurs qui tournent tout le temps dans le placard, alors il fait insupportablement chaud. Avec tous ces problèmes que nous avons, je vous demande de nous trouver rapidement une solution. On ne peut être ni heureux, ni efficace dans ces conditions de travail. En espérant avoir rapidement votre réponse,

Cordialement,

Julia

인사부장님께,

저는 3개월 전에 회사 재편에 따라 사무실을 옮겼습니다. 어떻게 했는지는 모르겠지만, IT 부서에서 근무하는 동료와 사무실을 공유하게 되었고, 제 팀의 사무실은 윗 층에 있습니다. 저는 우리 팀의 코디네이터이며, 각 팀원들과 지속적으로 협력하며 소통해야 합니다. 저와 사무실을 공유하고 있는 동료는 제가 전화를 너무 많이 해서, 조용했으면 합니다. 그리고 우리 사무실이 너무 작다고 말씀드리고 싶습니다. 창문이 없기 때문에 전망도 볼 수 없고 빛도 들어오지 않습니다. 또한 컴퓨터가 벽장 속에서 계속 돌아가기 때문에 참기 힘들 정도로 덥습니다. 우리가 처한 이런 모든 문제들에 대한 해결책을 빨리 찾아주시기를 요청합니다. 우리는 이러한 근로 조건에서는 행복하지도 않고 효율적으로 일할 수도 없습니다. 당신의 빠른 답변을 기다리며. 진심을 전합니다,

29

당신은 가장 친한 친구와 함께 곧 1주일 간의 휴가를 떠날 것입니다. 출발 전에 당신은 휴가 클럽 프로그램을 보면서 여행 계획을 세웠습니다. 당신은 친구에게 당신의 바캉스 계획을 제안하는 이메일을 씁니다.

Coucou Samuel,

Tout se passe bien ? C'est bientôt le jour de notre grand départ. Hier j'ai essayé de planifier nos vacances en regardant le programme du club. Comme on ne part que pendant une semaine, je me suis dit qu'il faut que ce soit bien organisé. Le premier jour on se reposera, et on se promènera dans les petites villes à côté. Il parait qu'elles sont très jolies. Le deuxième jour on commencera à faire des activités sportives, je te propose de commencer par la plongée et la natation à la mer. Ensuite le troisième jour j'aimerais aller voir l'ile de Réa en bateau. On pourra y faire de la pêche et prendre des photos. Le jour suivant on restera dans l'hôtel et ira jouer dans la piscine privée. Après on fera de la randonnée en vélo dans la forêt proche de notre hôtel. Pendant les jours qui restent, j'aimerais qu'on fasse du golf et du shopping au centre-ville. Dis-moi ce que t'en penses. As-tu d'autres idées ? J'attends ta réponse.

À très bientôt,

안녕,

별일 없니? 우리가 출발하는 날이 곧 다가오고 있어. 어제 클럽 프로그램을 보면서 우리의 바캉스 계획을 짜봤어. 우리가 단지 일주일만 여행을 하는 거라, 계획을 잘 짜야한다고 생각했어. 첫날은 쉴 것이고, 근처에 있는 작은 마을을 산책할 거야. 마을들이 아주 예쁘다고 해. 두 번째 날에는 스포츠 활동을 시작할거야. 바다에서 우선 수영과 다이빙부터 시작해 보는 것을 권하고 싶어. 그리고 나서 3일째 되는 날에는 배로 레아 섬을 보러 가고 싶어. 거기에서는 낚시도 할 수 있고 사진도 찍을 수 있어. 다음날은 호텔에 머물며 전용 수영장에서 놀 거야. 그리고 나서 호텔 근처 숲에서 사이클링을 할 거야. 남은 기간 동안 골프도 치고 시내에서 쇼핑을 하고 싶어. 이것에 대해 너는 어떻게 생각하는지 말해 줄래. 다른 아이디어 있니? 너의 대답을 기다린다. 곧 만나자,

30 당신은 6개월 전부터 당신의 프랑스어 실력을 향상시키기 위해 프랑스에 있습니다. 당신은 오늘 한 일과 내일 할 일에 대해 어머니에게 편지를 씁니다.

Coucou Maman,

Comment vas-tu ? Aujourd'hui j'ai eu cours seulement jusqu'à midi. J'ai pris un sandwich et déjeunésur la pelouse avec quelques copains de ma classe. Ensuite je suis allée voir un magasin d'électro-ménager pour chercher un sèche-cheveux. Je l'ai testé ce soir, il marche bien, je suis satisfaite de la qualité. Là je suis en train de réviser mes leçons, car demain j'ai un contrôle. Demain, après le cours, j'ai un rendez-vous avec ma banque. Sur mon relevé j'ai vu que l'on m'a enlevé une somme de 50 euros, mais je n'arrive pas à comprendre pourquoi et je dois savoir ce que c'est. C'est bien de découvrir plein de choses ici mais cela fait déjà 6 mois que je suis en France et tu me manques de plus en plus. Heureusement le temps passe vite et dans 6 mois je reviendrai en Corée. Je pense à toi Maman.

Grosses bises,

Minjung

안녕 엄마,

어떻게 지내세요? 오늘은 정오까지만 수업이 있었어요. 샌드위치를 들고 반 친구들과 함께 잔디밭에서 점심을 먹었어요. 그런 다음 헤어드라이어를 사러 가전가게에 갔었어요. 오늘 저녁에 그것을 시험해 봤는데, 작동이 아주 잘 돼요. 제품 품질에 아주 만족했어요. 내일 시험이 있어서 지금 배운 것을 복습하고 있어요. 내일 수업이 끝난 후, 은행과 약속을 잡았어요. 내 은행 명세서에서 50 유로가 빠져나간 것을 알았거든요. 그런데 나는 왜 그런 건지 이해가 안가고 그것이 무엇인지 알아봐야 겠어요. 이곳에서 많은 것들을 알아가는 것이 좋아요. 그런데 프랑스에 온지 벌써 6개월이 되었고 점점 더 엄마가 보고 싶어요. 다행히도 시간이 빨리 가고 6개월 후면 한국으로 돌아갈 수 있어요. 엄마를 생각하며,

31 프랑스를 여행하면서, 당신은 아직 프랑스를 방문하지 않은 친구에게 이메일을 보냅니다. 당신은 당신이 한 일, 남은 기간 동안 어디를 여행할 것인지 그리고 언제 다시 돌아올 것인지를 친구에게 이야기해 줍니다.

Salut Sinji,

Comment ça va ? Je suis en France depuis 3 jours, et je suis contente de mon voyage. J'ai visité la tour Eiffel et les champs Élysées le premier jour, et le musée d' Orsay et le jardin des Tuileries le deuxième jour. Aujourd'hui j'ai fait du shopping toute la journée. Demain je prendrai l'avion pour Nice, et je voyagerai à Nice, Cannes et Monaco pendant 3 jours. Je retournerai à Paris le 24 mars dans la journée, et je prendrai l'avion pour la Corée le même jour dans la soirée. Mon avion arrivera le 25 mars à 13h à l'aéroport d'Incheon. Merci de m'avoir proposé de venir me chercher à l'aéroport. Je te montrerai les photos que j'ai prises et j'en profiterai pour te passer le parfum et la crème hydratante que tu m'as demandée d'acheter.

À bientôt,

안녕 신지,

어떻게 지내니? 난 3일 전 부터 프랑스에 있고, 나의 여행에 아주 만족하고 있어. 첫째 날에는 에펠 탑과 샹젤리제 거리를 방문했고, 둘째 날에는 오르세 미술관과 튈르리 정원을 방문했어. 오늘은 하루 종일 쇼핑을 했어. 내일 나는 니스행 비행기를 탈거야. 그리고 3일 동안 니스, 칸 그리고 모나코를 여행 할 거고, 3월 24일 낮에 파리로 돌아올 거야. 그리고 같은 날 저녁에 한국으로 돌아오는 비행기를 탈거야. 비행기는 인천공항에 3월 25일 오후 1시에 도착할거야. 공항으로 나를 마중 나오겠다는 너의 제안 진심으로 고마워. 내가 찍은 사진을 보여줄게. 그리고 네가 사달라고 부탁 한 향수와 수분크림을 그때 전해줄게. 곧 만나자,

32 당신은 5월에 바닷가로 4일 동안 가족과 함께 캠핑을 떠났습니다. 돌아와서 친한 친구에게 편지를 씁니다. 당신은 당신의 여행과 캠핑카에서의 체류에 대해 이야기합니다. 그리고 7월에 이런 경험을 다시 해보겠다고 마음먹고, 친구에게 당신과 함께 캠핑을 떠나자고 권합니다.

Bonjour Catrine,

Comment vas-tu ? Je rentre de mon voyage, tout s'est très bien passé. J'étais parti pour 4 jours avec ma famille en camping-car pour aller voir la mer. C'était notre première expérience en camping-car mais tout le monde a apprécié ce voyage. Il y a du charme dans ce type de voyage. Déjà le mode de vie est complètement différent par rapport au séjour dans un établissement. On a l'impression d'être plus proche de la nature. On s'est naturellement réveillés tôt tous les matins pour admirer le lever du soleil. On a pu aller voyager dans des endroits cachés. Las rencontres avec d'autres campeurs se sont faites très facilement, on a même partagé le diner avec certains et on a échangépas mal d'informations sur la région.

Je suis tellement satisfaite de mon séjour que j'ai décidé de refaire le voyage en camping-car au mois de juillet. Veux-tu venir avec moi ? Je suis sûr que tu vas l'adorer ! J'attends ta réponse.

Bises,

Lucien

안녕 까트린느,

어떻게 지내니? 나는 여행에서 돌아왔어. 모든 것이 아주 좋았어. 캠핑카를 가지고 가족들과 4일 동안 바다를 보러 갔었어. 캠핑카 여행은 처음 경험해 봤는데, 모두들 이 여행에 아주 흡족해했어. 이런 여행은 또 다른 매력이 있는 것 같아. 이미 생활하는 방식이 시설에 머무르는 것과는 완전히 다르지. 자연에 더 친해진 느낌이야. 우리는 매일 아침 일찍 자연스럽게 눈이 떠졌고, 일출을 보며 감탄했어. 그리고 알려지지 않은 장소도 돌아다녀 볼 수도 있어. 다른 야영자들과의 만남도 아주 자연스럽게 이루어졌고, 몇몇 사람들과는 저녁식사도 함께 했어. 그리고 또 그 지역에 관한 정보를 서로 교환하기도 했어. 나는 이 캠핑카 여행이 너무 좋아서 7월에 다시 하기로 마음먹었어. 나와 함께 캠핑 가지 않을래? 네가 좋아할 거라 확신해. 너의 대답을 기다릴게. 잘 지내,

33

당신은 당신의 결혼식 사진을 프랑스 친구에게 보냅니다. 친구에게 당신의 남편 (아내)을 어떻게 알게 되었는지 그리고 당신의 결혼생활 및 당신의 계획 등을 그에게 이야기해 줍니다.

Salut Jean,

Comment ça va ?

Ce n'est pas la peine de te sentir si désolé, je sais que tu habites très loin et que ce n'était pas facile pour toi de venir voir notre cérémonie de mariage. Notre mariage s'est très bien passé. Je te joins dans cette lettre une photo de notre mariage. Tu verras mon mari Léo à côté de moi. Je l'ai rencontré au club de gym de mon entreprise. Il travaille dans le département informatique, tandis que je travaille dans le département des RH. Pour l'instant j'habite chez Léo, mais on vient de trouver une maison qui nous plaît à tous nous deux, on déménagera dans 1 mois. Tu seras le bienvenu quand tu viendras passer tes jours de vacances à Paris. Et toi, tout se passe bien au Japon ?

J'espère te revoir bientôt. En attendant, donne-moi de tes nouvelles.
Bises, Lisa

안녕 쟝,
어떻게 지내니? 너는 너무 미안하게 생각하지 않아도 돼. 네가 멀리 떨어져 살고 있어서 우리 결혼식을 보러 온다는 것이 쉽지 않다는 거 잘 알아. 우리 결혼식은 잘 끝났어. 이 편지에 우리 결혼식 사진을 동봉했어. 내 옆에 있는 사람이 남편 레오야. 내 회사의 헬스클럽에서 그를 만났어. 그는 IT 부서에서 근무하고, 나는 RH 부서에서 근무해. 지금은 레오 집에 살고 있는데, 얼마 전에 우리들 마음에 드는 집을 구했어. 한 달 뒤에 이사할 거야. 네가 파리로 휴가를 보내러 온다면 언제나 대환영이야. 그런데 너는 일본에서 별일은 없니? 곧 다시 만나기를 바래. 그때까지 너의 소식을 좀 전해줘. 잘 지내,

34

당신은 당신의 친구인 크리스틴의 생일 파티에 당신 친구들을 초대하기 위해 편지를 씁니다. 당신은 날짜, 시간, 장소 등을 정확하게 말해줍니다. 그리고 당신은 그들에게 공동 선물을 하자고 제안합니다.

Salut tout le monde,

Comment allez-vous ? Vendredi prochain c'est l'anniversaire de Christine, je me propose de lui organiser une fête surprise. Mon plan est que le soir de son anniversaire on se réunit chez nous avant son retour, on se prépare rapidement pour la fête, et on lui fait la surprise quand elle arrive. En général, elle rentre à la maison vers 20h. Je me charge d'acheter les boissons et les snacks pour la fête. Pour le cadeau, je sais qu'elle veut une tablette tactile depuis longtemps. Si chacun participe un peu à l'achat de ce cadeau, elle sera très contente.

On se donne donc rendez-vous chez nous le 26 août à 19h, et voici notre adresse : 25 ruelle des Petits 75023 Paris. Descendez à la station Les petits et prenez la sortie 5. Continuez tout droit jusqu'au premier carrefour, puis tournez à gauche. Ensuite c'est tout droit jusqu'à la librairie, vous verrez une petite rue juste à côté qui porte le nom de notre adresse. Nous habitons tout au fond de cette rue. Dites-moi rapidement si vous serez présents ou pas.

Amitiés, Nadia

모두들 안녕,
어떻게들 지내니? 다음 주 금요일은 크리스틴의 생일이야. 그래서 깜짝 파티를 열어줄 계획이야. 내 계획은 생일날 저녁에 그녀가 돌아오기 전 우리 집에서 만나서, 빨리 파티 준비를 하고 그리고 나서 그녀가 도착했을 때 그녀를 깜짝 놀라게 해주는 거야. 보통, 그녀는 저녁 8시경에 집에 돌아와. 나는 파티에 사용할 음료와 스낵을 구입하는 것을 맡을게. 그리고 그녀가 오래전부터 테블릿 컴퓨터를 갖고 싶어 했으니, 선물은 이것으로 하면 좋을 것 같아. 선물을 구입하는데 각자 조금씩 보태면, 그녀가 매우 기뻐할 거야. 8월 26일 저녁 7시에 우리 집에서 만나자. 내 주소는 25 rue des Petits 75023 Paris야. 레 쁘띠역에서 하차해서 5번 출구로 나와. 그리고 첫 번째 교차로까지 직진 한 후 왼쪽으로 돌아. 그런 다음 서점까지 직진해. 그러면 바

로 옆에 내 주소가 쓰여 있는 작은 길이 나올 거야. 바로 이 길 끝에 살고 있어. 참석 여부를 빨리 알려줘. 우정을 담아,

35 당신은 방금 청첩장을 받았습니다. 다행히도 그날 당신은 시간이 납니다. 예비 부부의 부모님들께 축하의 인사와 초대에 응하겠다는 편지를 씁니다. 그리고 예비 부부의 결혼 선물에 참여하겠다고 말합니다.

> 피에르와 마리는
> 당신을 그들의 결혼식에 초대하게 되어 기쁩니다.
> 결혼식은 2018년 5월 14일 토요일 오후 3시에 엑상 프로방스의 생-소뵈르 교회에서 거행됩니다.
> 종교 행사가 끝나면 프랑코 강당에서 감사의 음료가 제공됩니다.
> 또한 미셸 성에서 20시부터 거행되는 피에스 몽테에도 초대합니다.
> (피에스 몽테 : 프랑스에서 주로 결혼식이나 성찬식 때 먹는 음식이다. 케이크나 빵을 위로 쌓아서 높인 모양이다.)

Salut Gérard,

Comment vas-tu ? Merci beaucoup pour cette invitation et toutes mes félicitations aux futurs mariés ! Tu dois être bien fier de Pierre et Marie. Je suis disponible ce jour-là, j'assisterai à la cérémonie avec une grande joie. Ce sera également une bonne occasion pour nous revoir. Par contre j'aimerais beaucoup participer au cadeau de mariage, je ne sais pas comment vous avez prévu d'organiser cela. Existe-t-elle une liste de mariage ? Ou bien, dois-je choisir moi-même un cadeau et le leur envoyer ? Tu dois être pas mal occupé avant un si grand événement, mais merci de me répondre rapidement.

Amitiés,

Antoine

안녕 제라드,

어떻게 지내니? 결혼식에 초대해 줘서 고맙고 예비 부부에게도 진심으로 축하한다고 전해줘. 너는 피에르와 마리가 정말 자랑스러울 거야. 나는 그날 다른 약속이 없어서, 기쁜 마음으로 예식에 참석할 수 있어. 그리고 우리가 서로 만날 수 있는 좋은 기회가 되겠지. 그건 그렇고 결혼 선물에 참여하고 싶은데, 그것을 어떻게 계획하고 있는지 모르겠네. 웨딩리스트가 있니? 아니면 내가 직접 선물을 골라 그들에게 보내줘야 하니? 큰 행사를 치르기 전에 엄청 바쁠거야. 하지만 내게 빨리 응답해 주면 고맙겠어. 우정을 담아,

36 당신은 2주 후에 이사를 합니다. 당신은 친구들에게 이사하는 날 도와줄 수 있는지 부탁하는 이메일을 보냅니다. 당신은 그들에게 빠른 답장을 요청합니다.

Bonjour tout le monde,

J'ai enfin trouvé un appartement qui me plaît beaucoup, je pourrai m'y installer dans deux semaines. J'ai prévu de déménager le samedi 15 juin dans la matinée, alors j'aimerais savoir si certains d'entre vous serez disponibles ce jour pour me donner un coup de main. Je n'ai pas énormément de cartons, mais j'ai quelques gros meubles comme le lit, le frigo, la table et l'armoire, et je ne pourrai vraiment pas les déplacer seul. Je vous inviterai à la crêperie après le déménagement. Je compte sur vous, et merci de m'envoyer rapidement votre réponse.

Amicalement,

모두들 안녕,

드디어 내 마음에 꼭 드는 아파트를 찾았어. 나는 2주 후에 그 곳에 들어갈 수 있어. 그래서 6월 15일 토요일 아침에 이사 계획을 잡았어. 너희들 중 누가 그날 도움을 줄 수 있는지 알고 싶어. 짐 상자가 많지는 않지만 침대, 냉장고, 탁자 그리고 장롱 같은 큰 가구들이 있어서 혼자서는 그것들을 옮길 수가 없어. 이사를 마친 후 크레이프 가게에 너희들을 초대할게. 너희들에게 기대를 걸어. 답변을 빨리해주면 고맙겠어. 우정을 전하며,

37 당신은 아시아로 2주간 출장을 떠납니다. 떠나기 전에 당신은 친구에게 중요한 모든 사항을 부탁하는 이메일을 씁니다.: 부재 중에 매일 당신 집에 들러 식물에 물을 주고, 창문을 열고 닫고, 고양이에게 먹이를 주는 등의 일을 부탁합니다.

Salut Sylvie,

Je pars donc lundi prochain pour deux semaines. Merci encore d'avoir accepté de me donner un coup de main pendant mon absence. Comme promis, je ramènerai les produits détaxés que tu m'as demandés d'acheter à l'aéroport. Il faut donc que dès mardi tu passes chez moi tous les jours le matin et le soir. Le matin merci d'ouvrir les volets, d'arroser les plantes, et de donner à manger au chat. Pourrais-tu aussi aérer l'appartement pendant 5 minutes ? Le soir il suffit de fermer les volets et de vérifier si le chat a suffisamment d'eau dans son bol pour la nuit. Tu ne sais pas combien je te remercie, je prendrai en charge de ton appartement la prochaine fois que tu seras absente.

Bises,

안녕 실비,

나는 다음 월요일에 2주 동안 출장을 가. 내가 부재 하는 동안 도움을 줘서 다시 한번 고맙게 생각해. 약속한 대로, 공항에서 사달라고 부탁한 면세제품을 사가지고 올게. 너는 화요일부터 매일 아침과 저녁에 우리 집에 들려야 해. 아침에는 덧문을 열어주고 화분에 물도 주고, 고양이에게도 먹이를 주면 고맙겠어. 그리고 5분 동안 아파트를 환기시켜 줄 수 있겠니? 저녁에는 덧문을 닫고, 밤에 고양이가 마실 물이 그릇에 충분히 있는지 확인만 해주면 돼. 내가 얼마나 고마워하는지 너는 모를 거야. 다음번에 네가 부재할 때 나도 너의 아파트를 맡아줄게. 잘 지내,

38 당신은 중요한 보고서를 작성하기 위해 책이 필요합니다. 그래서 서점에 그 책을 주문했습니다. 그런데 2주를 기다린 후에도 책이 도착하지 않았습니다. 당신은 불만을 표현하고 주문을 취소한다는 이메일을 보냅니다.

Bonjour Monsieur,

Il y a deux semaines, j'ai commandé un livre chez vous intitulé «le petit prince » écrit par Saint-Exupéry. Je n'ai toujours pas de nouvelles de votre part alors que j'attends depuis le 28 janvier. Je ne comprends pas ce qui se passe. J'avais urgemment besoin de ce livre pour mon rapport, la date limite pour le dépôt approche et je suis maintenant très embêté. Je vous demande donc d'annuler cette commande. J'attends le remboursement ainsi que vos explications.

Cordialement,

안녕하세요,

저는 2주 전에 생텍쥐페리가 쓴 "어린왕자"라는 책을 당신 서점에 주문했습니다. 1월 28일부터 그 책을 기다리고 있는데 당신에게서 아무런 연락이 없습니다. 저는 무슨 일인지 이해가 안 됩니다. 제 보고서를 작성하기 위해 급하게 그 책이 필요합니다. 보고서 제출 마감 기한이 다가오고 있습니다. 그래서 지금 저는 매우 난처합니다. 따라서 저는 당신께 이 주문을 취소해 주기를 요구합니다. 당신의 설명과 더불어 환불을 기다리겠습니다. 감사합니다,

39 당신은 파리에서 일주일간 여행을 했습니다. 당신은 친구에게 편지를 써서 매일 매일 당신이 한 일을 이야기 해줍니다. 그리고 파리에 체류하면서 인상 깊었던 점에 대해 이야기합니다.

Coucou,

Comment vas-tu ? Je viens de rentrer de Paris, mon voyage s'est très bien passé. Je suis très satisfaite de mon séjour à Paris. J'ai loué un appartement charmant. Tous les matins je suis allée chercher des croissants à la boulangerie au pied de mon immeuble, ensuite j'ai fait un petit déjeuner à la parisienne avec un expresso. Dans la journée j'ai passé mon temps à me promener, le premier jour vers le quartier latin, le deuxième jour au Marais, le troisième jour au bord de la seine, etc. J'ai aussi visité pas mal de musées, j'ai beaucoup aimé celui de l'Orangerie et celui de Rodin. Pendant le voyage je me sentais relaxée et là je suis rentrée avec plein d'énergie rechargée. J'espère pouvoir y retourner bientôt. J'adore Paris. Et toi, comment s'est passé ton voyage en Thaïlande ? J'aimerais avoir de tes nouvelles.

Bises, Salang

안녕,

어떻게 지내니? 나는 방금 파리에서 돌아왔어. 여행은 아주 좋았어. 파리에서의 체류는 정말 만족스러웠

어. 나는 근사한 아파트를 빌렸어. 매일 아침 건물 아래에 있는 빵집으로 크로와쌍을 사러 갔어. 그리고 에스프레소 한잔과 함께 파리식으로 아침을 먹었어. 낮에는 산책하며 시간을 보냈는데, 첫날에는 라틴 가 부근에서, 두 번째 날은 마레에서, 세 번 째 날은 세느 강가에서 보냈어. 그리고 꽤 많은 박물관도 방문했어. 오랑주리와 로댕 박물관이 정말 좋았어. 여행하는 동안 편안했고, 지금은 에너지가 가득 충전되어 돌아왔어. 파리에 다시 돌아갈 수 있으면 좋겠어. 나는 파리가 너무 좋아. 그런데 너는 태국 여행 어땠어? 너의 소식을 듣고 싶다. 잘 지내,

40

당신은 방금 당신 집 근처에 있는 가게에서 장을 봤습니다. 그런데 이 가게의 서비스가 매우 못마땅합니다. 이 가게의 안내소에 비치되어 있는 소비자 만족도 설문조사에 몇 마디를 씁니다.

Aujourd'hui c'est la première fois que j'essaie votre magasin, mais cette première expérience n'a pas été agréable du tout. D'abord, j'ai été très étonnée de voir que la date limite de certains produits frais était dépassée. Ensuite, j'ai vu partout des produits non rangés, empilés dans les couloirs. J'avoue que ce n'était pas pratique de faire les courses chez vous. Enfin la caissière m'a semblé un peu envahissante, elle n'arrêtait pas de me demander de prendre une carte de fidélité alors que je lui ai trois fois dit non. À la fin j'ai dû presque me fâcher pour refuser. Merci de bien vouloir corriger ces points.

오늘 처음으로 당신 매장을 방문했는데, 첫 경험은 전혀 유쾌하지 않았습니다. 먼저 몇몇 신선 제품의 유통기간이 초과되었음을 알고 매우 놀랐습니다. 그리고 통로에 제품들이 여지저기 정리되어 있지 않고 쌓여 있는 것을 보았습니다. 당신 가게에서 장을 보는 것이 불편하다고 말하고자 합니다. 마지막으로 계산원이 약간 귀찮게 하는 것 같습니다. 그녀는 제가 세 번이나 아니라고 대답했음에도 불구하고 제게 계속 단골우대 카드(포인트 카드)를 만들라고 요구했습니다. 결국에는 거절하려고 화를 낼 뻔했습니다. 이런 점들을 바로 잡아 주시면 고맙겠습니다.

41

당신은 4개월 전에 주한 프랑스 문화원 미디어도서관에 등록하였습니다. 그런데 당신의 학업을 위해 프랑스로 떠나게 되었습니다. 당신은 당신의 상황을 설명하고 가입 해지 및 환불을 요청하는 이메일을 씁니다.

Bonjour,

Je suis inscrite à la médiathèque depuis quatre mois, mais je vais devoir bientôt partir en France pour mes études. C'est une opportunité que j'ai eu récemment par chance, je n'ai pas pu prévoir cela en avance. Pourriez-vous résilier mon abonnement et me rembourser les 8 mois restants ? Merci pour votre compréhension et pour vos explications sur la méthode à suivre. J'attends votre réponse.

Cordialement,

Woosik

안녕하세요,
저는 4개월 전에 미디어 도서관에 등록하였습니다. 그런데 학업을 위해 곧 프랑스로 떠나야 합니다. 제가 얼마 전에 운 좋게 이 기회를 얻게 되었고, 그래서 이 사실을 미리 예측할 수가 없었습니다. 제 가입이 해지될 수 있는지 그리고 나머지 8개월을 환불 받을 수 있는지요? 당신의 이해에 감사드리며, 따라야 할 절차를 설명을 해주시면 감사하겠습니다. 당신의 대답을 기다리겠습니다. 감사합니다,

42 프랑스 친구가 당신 나라에 며칠 지내러 올 것입니다. 당신은 이메일을 보내 당신이 사는 도시, 그와 할 일 혹은 구경할 것들을 그에게 이야기해 줍니다.

Bonjour,
Comment vas-tu depuis la dernière fois ? Es-tu prêt pour le voyage ? Je suis très content que tu viennes me voir en Corée la semaine prochaine et qu'on passe quelques jours ensemble. Tu ne verras pas le temps passer à Séoul. Il y a beaucoup de choses à visiter et à découvrir. Comme tu es très intéressé par les arts coréens, je te ferai visiter des musées. En ce moment il y a une exposition sur les céladons au musée national de Corée, je sais que tu aimes beaucoup nos porcelaines. Un ami à moi est déjà allé la voir et m'a dit que ça vaut vraiment le coup. Insa-dong est aussi un endroit qu'il faut absolument visiter. Tu y trouveras plein d'objets traditionnels coréens. De plus je connais pas mal de restaurants très sympathiques, je te ferai goûter plein de plats authentiques et variés, tu vas les adorer. J'ai hâte de te revoir !
À bientôt,

안녕,
그동안 잘 지냈니? 여행 준비는 잘 되어가니? 다음 주에 네가 나를 보러 한국에 온다는 사실이 그리고 우리가 며칠을 함께 보낸다는 사실이 너무나 기쁘다. 너는 서울에서 시간가는 줄 모를 거야. 가봐야 할 곳들도 많고 구경 할 것들도 많아. 네가 한국 예술에 관심이 많기 때문에 너를 박물관에 데리고 갈 거야. 현재 한국 국립 중앙 박물관에서 청자 전시회가 있어. 네가 도자기를 아주 좋아한다는 것을 알고 있어. 내 친구가 그 전시회에 이미 다녀왔는데 정말로 가볼 만한 가치가 있다고 해. 인사동도 반드시 방문해야 할 곳 중 하나야. 많은 한국 전통 물건들을 볼 수 있어. 또한 나는 아주 근사한 레스토랑을 많이 알고 있어서 네게 정통적이고 다양한 요리를 맛보게 해 줄 거야. 너는 그것을 아주 좋아하게 될 거야. 너를 빨리 보고 싶다. 곧 만나자,